REISEFÜHRER

LÜBECKER BUCHT

DIE CÔTE D'AZUR DER OSTSEE

U S
159

Nicoletta Adams | Ottmar Heinze

LÜBECKER BUCHT

DIE CÔTE D'AZUR DER OSTSEE

0
5
10 km
Schleswig-Holstein
Holsteinische Schweiz
Bungsberg 167 m
Oldenburg
Süssau
Augustenhof
Siggeneben
Oldenburger Graben
Koselau
B501
Dahme-Nord
Damlos
Harmsdorf
Gruber See
Grube
Riepsdorf
Dahme
Thomsdorf
Lensahn
Kabelhorst
Guttau
Vogelsang
Dahmeshöved
Schönwalde am Bungsberg
Manhagen
Cismar
Kellenhusen
Beschendorf
Stadtfurth
Kasseedorf
Groß Schlamin
Suxdorf
Lenste
Lensterstrand
Sibstin
Brenkenhagen
Stolpe
Eutin
Schashagen
Grömitz
Altenkrempe
Bliesdorf
Griebel
Sierhagen
Logeberg
B501
Gömnitzer Berg 94 m
Neustadt in Holstein
Merkendorf
Brodau
Bujendorf
Roge
Rettin
B76
Pelzerhaken
Oevelgönne
Wintershagen
Süsel
Süseler See
Neustädter Bucht
Sierksdorf
Stawedder
Haffkrug
Lübecker Bucht
Gronenberg
Pönitz
B432
Pönitzer Seenplatte
Scharbeutz
Gleschendorf
Klingberg
Garkau
Schürsdorf
Timmendorfer Strand
Luschendorf
B76
Brodtener Steilufer
Sarkwitz
Brodten
Schwartau
Pansdorf
Groß Timmendorf
Niendorf
Hemmelsdorfer See
Travemünde
Kalkhorst
Hemmelsdorf
Techau
Warnsdorf
B75
Priwall
Curau
Ratekau
Ovendorf
Pötenitzer Wiek
Offendorf
Ivendorf
Groß Parin
Kreuzkamp
Dummersdorfer Ufer
Bad Schwartau
Sereetz
Dummersdorf
Dassow
226
Dassower See
Gothmund
Kücknitz
Herrenwyk
Trave
Stockelsdorf
Israelsdorf
B206
Vorwerk
B75
Schlutup
B104
Selmsdorf
Mecklenburg-Vorpommern
Krempelsdorf
St. Gertrud
St. Lorenz
LÜBECK
Marli
Schönberg
Buntekuh
B75
St. Jürgen
Trave
B207
Wakenitz
20

Paloma

CÔTE D'AZUR DER OSTSEE

Die Küstenregion von Ostholstein – das alte Land der Wagrier – präsentiert sich dem Urlauber ausgesprochen facettenreich. Sie lädt ein zum Sonnenbaden, im Strandkorb zu schmökern, an modern gestalteten Promenaden zu bummeln und zu shoppen, frischen Fisch zu genießen, das Ostseewasser oberhalb und unterhalb der Wasseroberfläche zu erobern, die Schifffahrtsgeschichte zu erkunden und auf den Leuchttürmen kleinen Seglern oder Ozeanriesen nachzuträumen. Der einzigartige Küstenabschnitt mit dem flach hügeligen Hinterland bietet Aktivurlaubern, Individualtouristen und Sonnenanbetern ideale Bedingungen für einen erlebnisreichen Aufenthalt.

Der Küstenknick bei Dahmeshöved markiert den Eingang in die Lübecker Bucht. Nahezu nahtlos schließen sich die einzelnen Seebäder der Bucht an. Von Dahme bis Timmendorfer Strand locken mehr als 55 Kilometer Strand. Die nördlichen Seebäder punkten mit einer idealen Südsüdostlage als Garant

SO 3
SO 7

Eine wunderbare Abendstimmung mit
Fischerbooten und untergehender Sonne

für ein sonnenverwöhntes Badevergnügen. Unterhalb von Neustadt gehen die Orte fast unbemerkt ineinander über, Größe und Lebendigkeit nehmen nach Süden hin zu. Hier geht es nicht nur um das Badevergnügen, sondern ein wenig auch ums »Gesehenwerden« – eben wie an der Côte d'Azur!

Die eigentliche Anziehungskraft ist jedoch die einzigartige Naturlandschaft, die den Küstenabschnitt zu jeder Jahreszeit attraktiv macht. Die klare Ostseeluft und die weiten Strände sind auch in den Wintermonaten wunderbar erholsam, sodass sich selbst Tagesausflügler aus dem Großraum Hamburg zu einer Stippvisite einfinden.

Die Anbindung an das Feriengebiet ist ideal. Über die A1 sind alle Bäderorte gut zu erreichen, und der Regionalexpress von Hamburg und Lübeck ist täglich mehrmals unterwegs, Fahrradmitnahme inklusive.

BALANCE ZWISCHEN RUHE UND »ACTION«

Der eigentliche Bädertourismus begann, außer in Travemünde, hauptsächlich an den Küsten Mecklenburgs und Vorpommerns. Erst nach der Teilung Deutschlands

entwickelte sich auch die Lübecker Bucht zum angesagten Urlaubsziel. Die einstigen Fischerorte avancierten schnell zu Touristenhochburgen. Der damalige Bauboom im Charme der 60er-/70er-Jahre ist noch an wenigen Stellen zu sehen. Weitreichende Rück- und Umbaumaßnahmen lassen jedoch ein ganz anderes Bild entstehen. Im Fokus stehen besonders die Strandpromenaden und Seebrücken, die neu gestaltet und mit attraktiven Spiel- und Ruhebereichen ausgestattet wurden und werden. Der feine Sandstrand und die Ostsee mit ihrem äußerst geringen Tidenhub ermöglichen ein Badevergnügen den ganzen Tag über und laden zu ausgedehnten Strandspaziergängen ein. Wellness ist allerorten eingezogen, und sportlichen Aktivitäten sind keine Grenzen gesetzt. Das Angebot von Wasser- und Funsportarten (Beach Polo, Beach-Volleyball, Surfen, Kitesurfen, Stand-up-Paddling etc.) ist groß und schließt alle Altersgruppen ein.

OHNE STRANDKORB GEHT ES NICHT

Eines der unverzichtbarsten Wahrzeichen der Ostseebäder ist der Strandkorb. Es gibt ihn klassisch blau-weiß oder rot-weiß gestreift und sogar mit Meerestieren verziert. Er ist nicht nur ein wichtiger Wind-, Sonnen- und Sichtschutz, sondern

eignet sich durch ausziehbare Fußkästen, Markisen und kleine Klapptische an den Seiten ideal zum Ruhen, Lesen und Träumen. Der Ursprung dieses wunderbar gemütlichen »Strandmöbels« ist nicht ganz geklärt. Ähnliche Gebilde tauchen bereits auf Gemälden von Jacob Jordaens (1593–1678) und Willem van Herp (1614–1677) auf.

Aber erst der Rostocker Hofkorbmeister Wilhelm Bartelmann machte sie berühmt und serientauglich. Er erhielt 1882 von Elfriede von Maltzahn, einer rheumakranken adeligen Dame, den Auftrag, einen »weichen Sitz« für ihre Warnemünder Sommerfrische anzufertigen. Seit 1910 werden Strandkörbe etwa so gebaut wie heute. Inzwischen sieht man auch andere Varianten, etwa für drei Personen, als Schlafkorb oder sogar für den Hund!

DIE KRAFT VON EIS, WIND UND WELLEN

Die für die schleswig-holsteinische Ostküste so charakteristischen Meeresbuchten und schmalen Förden mit bis zu 30 Meter hohen Steilufern sind das Ergebnis vordringender und wieder abschmelzender Inlandeismassen. Während der letzten beiden Eis- und Zwischeneiszeiten vor rund 200.000 bis 11.600 Jahren begannen die tonnenschweren Gletscher Skandinaviens – durch ihr eigenes Gewicht in Bewegung gesetzt – vorwärts zu rücken. Auf dem Weg nach Südwesten rissen sie Gesteinsbrocken jeglicher Größe aus dem Untergrund mit sich und schoben diese bis in das Gebiet des heutigen Norddeutschlands. Unter dem Druck des Eises wurden die Geröllmassen (Moränen) – wie unter einer Planierraupe – mehrere zehn Meter hoch an der Gletscherstirn zu sogenannten Endmoränen wallartig aufgetürmt. Sie erreichen in diesem Gebiet ihren Höhepunkt in der Umgebung des Gömnitzer Berges mit 94 Meter ü. NN. Beim Zurückschmelzen des Eises blieb am Grund der mitgeschleppte Gesteinsschutt (Grundmoränen) zurück. So entstanden einerseits schmale Becken, andererseits die flachwellige Landschaft hinter den Küsten, die das Schmelzwasser endgültig vertiefte bzw. zu sanften Hügeln modellierte. Als der Meeresspiegel stieg, drang die Ostsee in diese Schürfrinnen ein.

Nachdem die Gletscher sich weit nach Norden zurückgezogen hatten, hinterließen sie ein vegetationsfreies Land mit zunächst arktischen Temperaturen. Bäume und wärmeliebende Pflanzen hatten sich bis in den Mittelmeerraum zurückgezogen. Mit steigender Temperatur entwickelte sich sodann eine baumlose Tundra, die allmählich in einen Mischwald aus Eiche, Linde, Esche und Ahorn überging. Weitere Baumarten folgten, sodass in Ostholstein bald Linde und Ulme vorherrschten. Schon die Menschen der Jungsteinzeit zog es in das fruchtbare Gebiet. Mit Ackerbau und Viehzucht griffen sie in den Kreislauf der Natur ein. Der Wald wurde lichter, am Boden konnte sich ein Teppich aus Gräsern und Kräutern ausbreiten. Dies war die Geburtsstunde der Kulturlandschaft.

Heute sind es Wind und Wellen, die den hervorspringenden Steilküsten ihr Land abtrotzen. Für den Sandtransport sind vor allem die Nordoststürme und die daraus resultierende hohe Wellenenergie ausschlaggebend. Aufgrund dieser speziellen Windverhältnisse laufen die Prozesse von Abtrag und Umlagerung im Innersten der

Lübecker Bucht besonders intensiv ab. An den Kliffkanten beträgt der Küstenrückgang dadurch etwa 45 Zentimeter im Jahr bzw. sogar bis 1,2 Meter pro Jahr am Brodtener Steilufer. Das abgetragene Material lagert sich mit den Strömungen an den Flachküsten wieder an, etwa zwischen Grömitz und der Klosterseeschleuse oder am Priwall. Dort wird der Strand daher von Jahr zu Jahr breiter. Auch der Neustädter Binnensee wurde durch küstenparallelen Sandtransport von der Ostsee abgeschnürt. Er liegt im Zentrum eines ehemaligen Gletscherzungenbeckens. Süseler und Pönitzer See sind sogenannte Toteisseen. Sie entstanden durch zurückgelassene Gletscherstücke, die von Gesteinsschichten bedeckt vor dem Abtauen bewahrt wurden und erst nach Jahrtausenden schmolzen.

OSTSEE IN NOT?

Die Ostsee ist ein relativ kleines Binnenmeer mit knapp 415.000 km². Als ehemaliger Eisschmelzsee war sie im Laufe der Zeit mal Süßwassersee, mal Brackwasser-Randmeer. Die Lebewesen, die sie besiedelten, mussten daher ein Höchstmaß an Anpassung aufbringen, um zu überleben. Das hat sie erstaunlich widerstandsfähig gemacht. Und obwohl die Ostsee schon mehrmals totgesagt wurde, hat sich die ökologische Situation verbessert. In der Helsinki-Kommission (HELCOM) wurde sie insoweit unter Schutz gestellt, als zumindest keine ungeklärten Abwässer mehr eingeleitet werden dürfen. Der Eintrag von Schad- und Nährstoffmengen, die den

Sauerstoffgehalt reduzieren, illegale Öleinleitungen, die zunehmenden Plastikmüllmassen, verstärkte Fischerei und der Abbau von Sand und Kies müssen jedoch weiterhin drastisch reduziert werden. Die Kommission kann nur Empfehlungen aussprechen und keine Beschlüsse verabschieden, trotzdem wollen die elf unterzeichneten Ostsee-Anrainerstaaten versuchen, den guten Zustand der Ostsee bis 2021 wieder herzustellen. Zusätzlich haben sich Umweltverbände rund um die Ostsee zu einem Netzwerk (Coalition Clean Baltic – CCB) zusammengeschlossen, um ihre Kräfte und ihr Wissen zu bündeln.

QUALLENALARM?

Bei ablandigem Wind werden manchmal viele Quallen in Ufernähe und an die Strände gespült. Der Wind drückt die obere Wasserschicht aufs Meer hinaus, während die tieferen Schichten mit den Quallen zur Küste nachströmen. Meist handelt es sich bei den »Glibberdingern« um ungefährliche Ohrenquallen, durchsichtig mit vier zartrosa oder lila schimmernden Geschlechtsorganen. Wer sie in Bewegung sieht,

wird schnell die feine Grazie der Tiere erkennen. Vorsicht jedoch vor der gelben Haarqualle (auch Feuerqualle), deren Nesselzellen entlang den Tentakeln auf der Haut heftigen Juckreiz und Hautausschlag verursachen können. Lebensgefährlich ist es jedoch nicht. Schnelle Abhilfe bringt aufgetragener Sand, noch besser wirkt Essig.

KLEINES MÖWEN 1×1

Die Möwenbestände nehmen seit einigen Jahren kontinuierlich ab. Das liegt vor allem am Rückgang der Grünflächen, auf denen sie Regenwürmer, Mäuse und Kerbtiere finden, aber auch an der seltener werdenden Fischerei sowie dem Schließen der Müllkippen, in denen sie vor allem im Winter Futter gefunden haben. Der Begriff »Raubmöwe« geistert immer wieder in der Presse herum, da es zu einer Häufung von Möwen-»Angriffen« auf Menschen kam, die auf der Promenade oder am Strand deutlich sichtbar Fischbrötchen oder Pommes verzehren. Die Vögel haben es natürlich nur auf das Futter abgesehen. Dagegen hilft ein konsequentes Fütterungsverbot, damit sich die Möwen wieder auf ihre natürlichen Futterquellen besinnen. Ratsam ist es außerdem, seine Brötchen im Schutz der Fischbuden zu verzehren. Bei Räubern dieser Art handelt es sich meist um Silbermöwen.

Lachmöwe: Zusammen mit der Schwarzkopfmöwe ist sie die kleinste (37–38 Zentimeter) der hier brütenden Möwenarten. In der Sommerzeit ist dieser Charaktervogel der Ostsee besonders gut von den anderen Arten zu unterscheiden. Da trägt der sonst weiße Vogel mit grauen Flügeln eine schokoladenbraune Maske, die nur von einem weißen Augenring unterbrochen wird. Sein Name hat nichts mit einer heiteren Natur zu tun, sondern leitet sich von dem lateinischen *lacus* = See ab.
Schwarzkopfmöwe: Der ganze Kopf ist schwarz und wird durch den leuchtend roten Schnabel und den weißen Augenring betont. Inzwischen ist sie deutlich seltener an der Küste zu beobachten.
Sturmmöwe: Mit 43 Zentimetern ist sie etwas größer als die beiden oben genannten Möwen. Sie hat einen runden Kopf mit einem frechen, kleinen Gesicht, in dem die rot umrandeten Augen und der gelbe Schnabel auffallen. Der Schnabel hat keinen roten Fleck, was sie von der größeren Silbermöwe unterscheidet. Sie ist seit Jahren im Vormarsch und besiedelt sogar Flachdächer von Häusern in Küstennähe.
Silbermöwe: Das ist die typische Möwe »Emma«, mit weißem Kopf und Hals, hellgrauen Flügeln und gelben Augen. Der Prototyp, den man weitverbreitet an den deutschen

Küsten findet. Sie wird bis 65 Zentimeter groß und kann mit ihren 162 Zentimeter Flügelspannweite auch bei starkem Wind elegant über die Wellen segeln.

Heringsmöwe: Sie ist ein klein wenig größer als die Silbermöwe, hat jedoch eine geringere Flügelspannweite und fällt durch ihre rot umrandeten, sehr hellen Augen und das dunkelgraue Flügelkleid auf.

Mantelmöwe: Mit 82 Zentimetern und einer beeindruckenden Flügelspannweite bis zu 1,75 Meter ist sie der Goliath unter den Möwen in Schleswig-Holstein. Charakteristisch sind die dunklen Flügel und der etwas längere, schmalere Kopf.

Zu den Durchzugsgästen gehören:

Zwergmöwe: Die kleine Möwe (24–28 Zentimeter) erinnert am Boden eher an die Seeschwalbe. Sie brütet selten in Norddeutschland, zieht aber

in spektakulären Schwärmen über Schleswig-Holstein ins Baltikum. Ihre hellgrauen Flügel sind von unten dunkel gefärbt, und der dunkle Kopf sowie die leuchtend roten Beine fallen ins Auge.

Eismöwe: Ein noch seltenerer Gast aus der Arktis. Ein kleiner Teil der Population übernachtet an der Ostsee. Mit fast 70 Zentimetern ist sie größer als die Silbermöwe. Die Farbe auf dem Rücken und den Flügeln ähnelt dem der Silbermöwe, ist jedoch deutlich heller blaugrau bis fast ganz weiß.

Man erfährt auch viel über die Seevögel auf dem **Maritimen Pfad** von Haffkrug nach Sierksdorf.

LAND DER WAGRIER

Die Wagrier als Teilstamm der slawischen Völkerschaften besiedelten das Gebiet des heutigen Ostholsteins seit Ende des 7. Jh. n. Chr. und legten auf dem höheren Gelände um die Stadt Oldenburg ihren Hauptort Starigrad (Alte Burg) an. Von dort fuhren sie über die Ostsee bis nach Fehmarn und Lübeck. Um das Jahr 1000 wurde Starigrad zum Bistum erhoben und gegen Ende des 11. Jh. Lübeck (Liubice) zum Hauptort der Wagrier bestimmt. Nachdem Liubice 45 Jahre später vernichtet worden war, gelangten die Schauenburger als Grafen von Holstein an die Herrschaft. Erst im 18. Jh. wurde das letzte Land an die inzwischen freien Bauern verteilt.

Zwischen Dahme und Grömitz verändert sich die Landschaft immer wieder und wechselt zwischen Sandstrand, Deich und Dünen mit dazwischen aufragender Steilküste.

DAHME

SPORT IST TRUMPF

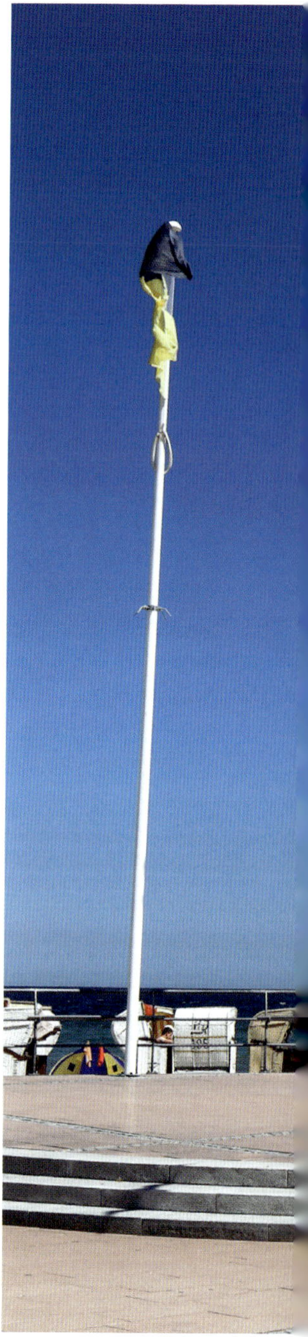

Der einstige Sitz Holsteiner Grafen gelangte ab dem späten 18. Jh. in den Besitz der freien Bauern und Fischer. Der der ruhige und weitgehend authentische Ort liegt direkt an der relativ kurzen, geraden Ostseite von Schleswig-Holstein und wandelt sich in der Saison zu einem charmanten und besonders sportlichen Ostseebad. Es gibt ausgewiesene Surfbereiche, ein Basketballfeld, Beachsoccer, Beachvolleyball oder eine Slackline für besonders Gelenkige. Viele Aktivitäten richten sich speziell an Kinder und Jugendliche. Spielplätze sowie Trampolin- und Skateranlage lassen zusätzlich keine Langeweile aufkommen. Die 200 Meter lange **Seebrücke** ist ein beliebter Treffpunkt und Ausguck auf das Meer. Auf dem Nysted-Platz davor steht der »Kleine Schwede«, ein 24 Tonnen schwerer Findling, der die Entstehung der Ostsee-Orte verdeutlichen soll. Bei zu scharfem »Nordost« kann man sich im **StrandSPA** (Sport- und Gesundheitszentrum) direkt am Strand auspowern. Dort locken Meerwasser-Schwimmbad, Sauna, Fitnesscenter und vor allem die Meersalzgrotte, die u.a. bei Erkrankungen der Atemwege und der Haut sowie bei Rheuma und Schlafstörungen helfen soll.

DAS DOMIZIL DER SELTENEN WILDBIENEN

Im kleinen **Kurpark** gibt es ein besonders großes Wildbienenhotel. Die kleinen gestreiften Einzelgänger (Solitärbienen) greifen nicht aktiv an, da sie im Gegensatz zu domestizierten Honigbienen keinen Störenfried in der Nähe ihres Nestes abwehren müssen. Die sogenannten Kuckucksbienen bauen überhaupt keine eigenen Nester, sondern benutzen fremde Nester für die Aufzucht ihrer Brut, daher der Name in Anlehnung an den Kuckuck. Dahme ist darüber hinaus der

erste Ort, der mit dem Prädikat »fledermausfreundlich« ausgezeichnet wurde. An vielen Häusern sieht man die Fledermausbehausungen hängen.

WEISS, FEINKÖRNIG UND »KINDGERECHT«

Im Zentrum eines Ostseeurlaubs steht der gemütliche Sandstrand, der hier flach ins Meer abfällt. Neben freien Bereichen, an denen auch Strandmuscheln (Strandzelte) einen Platz finden, warten die Strandkörbe darauf, besetzt zu werden. Die modern gestaltete Promenade bietet Flaneuren teils reetgedeckte Cafés, Restaurants und kleine Geschäfte. Kunstobjekte und Bänke zum Ver-

weilen glänzen in schwarzem, poliertem Basalt. Der Ort präsentiert sich unaufgeregt und hat seine Traditionen bewahrt. So bieten die Fischer morgens ihren Fang immer noch am Strand an. Im Norden schließt sich eine naturbelassene Dünenlandschaft an, im Süden folgt die beeindruckende Steilküste. Sie verführen ebenso wie das kleine Waldgebiet zu ausgedehnten Spaziergängen und laden zum Erkunden ein. Auf dem Deich entlang lässt es sich bequem bis Kellenhusen radeln oder skaten.

In den letzten Jahren sind immer wieder auch **Kegelrobben** in Strandnähe beobachtet worden. Flächendeckendes Jagdverbot, weniger Umweltgifte und ein ausreichendes Nahrungsangebot tragen dazu bei, dass die Tiere ihre angestammten Plätze wieder aufsuchen. Der Name der Robbe rührt von der spitz zulaufenden, kegelförmigen Schnauze her. Mit bis zweieinhalb Meter Länge und 300 Kilogramm Gewicht ist sie das größte Raubtier in deutschen Meeren. Da die pfiffigen Kerlchen hervorragende Jäger sind und auch die Fischernetze zu »öffnen« wissen, kommt es immer wieder

Slacklining am Sportstrand

zu Konflikten mit den Fischern. Sie wehren sich gegen ein gezieltes Wiederansiedlungsprojekt der Tiere, da sie ihre Existenz stark gefährdet sehen.

DAS LICHT DER FREIHEIT

Seit 1879 leuchtet der fotogene, achteckige **Leuchtturm von Dahmeshöved** weit über die Ostsee. Sein Licht, anfänglich noch mit Petroleum befeuert, ist heute noch aus einer Entfernung von 28 Seemeilen (ca. 50 Kilometer) zu orten. Zwölf-Stunden-Schichten und am Wochenende sogar 24 Stunden Dienst gehörten zum Berufsalltag des Leuchtfeuerwärters. Währenddessen war es nicht erlaubt, den Wachraum zu verlassen, selbst im Winter nicht, wenn es im unbeheizten Turm bitterkalt war. Früh morgens musste die Laterne von Schnee und Eis befreit und die Gürtellinsen geputzt werden, an denen sich der Ruß während der Nacht abgesetzt hatte; denn anfangs lieferten Petroleumlampen das Licht für das Signal. Der Arbeitsaufwand verringerte sich zwar mit der Elektrifizierung der Anlage im Jahr 1925, aber ein klarer »Durchblick« war zu jeder Zeit die Visitenkarte eines jeden Leuchtturmwärters. Die Aufzeichnung aller Schiffsbewegungen sowie ein Wetterbericht im Zwei-Stunden-Takt gehörten zu den wichtigen Aufgaben, die auch das Gespür für Wetterveränderungen schulte. Auf Voraussagen, die vom Leuchtturm kamen, war fast immer Verlass. So wusste der Leuchtturmwärter auch ohne Fernwarnung, wann ein Sturm zu erwarten war. Nach der Wacharbeit schlüpfte der »Maschinist im Seezeichenwesen« – wie es im Amtsdeutsch heißt – in die Rolle des Kleinbauern. Da der geringe Lohn nicht zum Leben reichte, gehörte zum Leuchtturm stets ein Stück Pachtland für Gemüseanbau und Viehhaltung. Romantisch war das Leben nur in seltenen Fällen, aber geliebt haben sie alle ihren verantwortungsvollen Beruf und »ihren« Leuchtturm, der als Symbol für Hoffnung und sichere Heimkehr stand. Seit 1978 läuft die Lichtanlage vollautomatisch. Als »Licht der Freiheit« ging er in die Geschichte ein, da sein Leuchtfeuer den kürzesten Weg über die Lübecker Bucht von der ehemaligen DDR beim Ostseebad Boltenhagen in den Westen wies. Der kürzeste Weg war es schon, aber auch ein sehr gefährlicher, den mancher Flüchtling mit dem Leben bezahlte. Heute kann man den Leuchtturm besichtigen und erreicht nach 104 Stufen die Aussichtsplattform, von der der Blick weit über die Lübecker Bucht und das Hinterland reicht. Inzwischen sind Hochzeiten in luftiger Höhe angesagt. Bei der Zeremonie im Turmzimmer finden bis zu acht Gäste Platz. Der schöne Backsteinturm mit seiner roten Laterne wurde 2011 sogar auf einer Briefmarke verewigt.

Führungen: April – Oktober, 30 Min., So. – Do. 15 – 16.30 Uhr, 3,50 €, mit Ostseecard 2,50 €

Ausflug in die Vergangenheit

OLDENBURGER-GRABEN-NIEDERUNG

Der Naturerlebnisraum (NER) Oldenburger-Graben-Niederung lädt zu unterschiedlich langen Radtouren mit kulturhistorischen und landschaftlichen Besonderheiten ein. Das Grabensystem ist rund 22 Kilometer lang, zwischen zwei und zwanzig Meter breit und reicht von der Hohwachter Bucht bis zur Lübecker Bucht bei Dahme. Die eiszeitlichen Gletscher schufen zwei ausgedehnte Rinnen, die sich beim Abschmelzen des Eises mit Wasser füllten und Förden bildeten, die allerdings keine durchgehende natürliche Meeresverbindung hervorbrachten. Nur während der großen Sturmflut im November 1872 wurde der gesamte Oldenburger Graben überschwemmt und so kurzfristig in einen Sund verwandelt.
In der Steinzeit siedelten sich am Ufer der Rinnen Menschen an. Deren Siedlungsplätze befanden sich u. a. in Rosenhof und Rosenfelde, was Funde von Artefakten belegen. Man kann die Pfeilspitzen und Steinbeile im Museum in Grube besichtigen. Im Laufe der Zeit schrumpften die Förden zu Seen zusammen, deren Wasserstand vom Menschen beeinflusst wurde: Moorgebiete entstanden, Torf wurde abgestochen. Anzeichen des Abbaus kann man anhand der schwarzbraunen Bodenfärbung und der wassergefüllten Gräben noch heute wahrnehmen. Ab dem 17. Jh. begann die Entwässerung des Gebietes, um das unter Meeresniveau liegende Areal bis heute weidewirtschaftlich zu nutzen. An beiden Mündungen des Grabens pumpen Schöpfwerke das Wasser des unter Meeresniveau liegenden Gebietes in die Ostsee hoch. Die Landwirte, in deren Besitz das Land ist, wollen eine dauerhafte Trockenlegung. Aus Sicht des Natur- und Artenschutzes sollte dagegen der Verarmung von Tier- und Pflanzenarten durch den Verlust des natürlichen Lebensraums entgegengewirkt werden. Außerdem trocknet das Moor infolge zu starker Entwässerung aus und sackt ungleichmäßig ab, was wiederum eine Bewirtschaftung erschwert. Die Stiftung Naturschutz Schleswig-Holstein hat große Areale aufgekauft, um weite Bereiche wieder durchnässen zu können und sie so für Sumpf- und Wiesenvögel wie Kiebitze und Kraniche attraktiv zu machen. Von der installierten Plattform nordöstlich von Grube lassen sie sich beobachten. Eine Karte für die Radwanderwege gibt es im Touristik-Büro.

OSTSEEBAD KELLENHUSEN

KELLENHUSEN

»Urlaub zwischen Wald und Wellen«

Mit diesem Slogan wirbt der Ort für seinen besonderen Erholungswert. Das ehemalige Fischerdorf hat sich zu einem familienfreundlichen, lebendigen Seebad mit Kureinrichtungen entwickelt. Das Besondere sind das lang gestreckte Waldgebiet (Eutiner Staatsforst s. u.) im Hinterland und die Sandbänke, die den feinen Sandstrand vor zu starken Wellen schützen. Auf dem Zugang zur Promenade steht das Kellenhusener Wahrzeichen, der Fischer. Die mannshohe Holzfigur wurde von dem einheimischen Bildhauer Axel Süphke aus widerstandsfähigem Ulmenholz hergestellt, nachdem die ursprüngliche Figur verrottet war.

Die ungewöhnliche, immer noch ein wenig futuristisch anmutende **Seebrücke** mit den Themeninseln zieht die Blicke auf sich: Bei »Hang loose« heißt es abhängen in den fest installierten Hängematten, der Aktivbereich wartet mit Rutschen, Sprungbrettern und Treppen bis auf, Meereshöhe auf und der Brückenkopf bietet Platz und Sitzgelegenheiten für die Seh-Leute, die sich aufs Meer träumen. Parallel zum Strand schlängelt sich die **Promenade** entlang. Mit Wasserläufen und den Einbuchtungen bietet sie Möglichkeiten zum Ausruhen und dem Treiben zuzuschauen. Der Springbrunnen und die Figuren »Tümmler« und »Orca« regen vor allem Kinder zum fantasievollen Spielen an. Natürlich warten auch hier viele Restaurants und Cafés auf die Besucher.

SOUVENIR ZUM ANHÄNGEN

Gepunktete, gestreifte oder ungewöhnlich geformte Steine zu sammeln ist eines der Vergnügen bei einem Strandspaziergang. Am häufigsten fallen die schwarzen, grauen oder auch braunen Flint- oder Feuersteine ins Auge. Vielleicht findet sich unter ihnen auch ein Stein mit einem durchgehenden Loch: ein sogenannter **Hühnergott**. Die wohl plausibelste Erklärung für den Namen lautet: Man hängte solche Steine einen über den anderen an einer Schnur an den Hühnerstall, um durch das Klappern im Wind, den Fuchs fernzuhalten. Man sieht es heute ab und an wieder. Mitunter fungiert eine solche Schnur auch als Regenablauf von der Dachrinne. Egal, wozu man sie verwenden will, eins ist sicher: Wer einen Hühnergott gefunden hat, darf sich etwas wünschen!

APROPOS SPORT

Die ideale Verbindung zwischen dem Spiel mit der Frisbeescheibe und dem Golfen ist **Discgolf**. Dabei sollte das Frisbee mit möglichst wenigen Würfen auf einer Spielbahn in den Disc-Korb, geworfen werden. Geschick gehört schon dazu, sich in der deutschlandweit größten Discgolf-Anlage zu bewähren, Spaß macht es aber in jedem Fall. Zwischen Deich und Strand sind 22 Spielbahnen angelegt, auf denen sich Spieler jeglichen Alters ausprobieren können. Ein wunderbarer Ferienspaß für die ganze Familie, bei dem Ausdauer gefragt ist. Die passende Disc-Scheibe gibt es im Gäste-Service (Leihgebühr 1 €, zzgl. 10 € Pfand), es kann jedoch auch mit der eigenen Scheibe gespielt werden. Auch auf dem Multifunktionsfeld für Basketball, Fußball oder Handball sowie beim Beachvolleyball oder beim Wakeboarding, Skiken (eine Art Skilanglauf auf der Straße) sowie Powerising (Känguru-Hüpfen auf Stelzen) kann man seine körperlichen Grenzen ausloten.

TIPP

Mit dem Rad durchs Achterland

Das abwechslungsreiche Hinterland (Achterland) zwischen Dahme und Grömitz lässt sich am besten mit dem Rad erkunden. Im Frühjahr führt der Weg durch rapsgelbe Felder zu historischen Gebäuden, einem lang gestreckten Waldgebiet und einer wunderbaren Klosteranlage.

1.000-JÄHRIGER WALD – DIE NAMENSEICHEN

Neben Schwarz-, Reh- und Damwild machen vor allem die berühmten Eichenbestände das größte zusammenhängende Waldgebiet an der Ostküste, den **Eutiner Forst**, nahezu unsterblich. Zu den bekanntesten gehören: die **Kroneiche**, die tatsächlich 1.000 Jahre alt wurde, bevor ein Sturm sie knickte. Ihr Stumpf von über neun Meter Durchmesser gilt heute als Naturdenkmal. Der Name leitet sich nicht von Krone ab, sondern von den Kranichen, auf Plattdeutsch Kronich, die sich auf der Eiche zur Rast niederließen. Auch die **Königseiche** liegt inzwischen auf dem Boden. Ein dänischer König soll sich auf der Durchreise unter ihr zum Schlafen gelegt haben. Die **Wasserstandseiche** mit der Sturmflutmarke vom 13. November 1872 auf dem Feldstein davor sowie die **Fünfmarkseiche**, die als Vorbild für das Fünf-Reichsmark-Stück diente, halten jedoch wacker stand. Seit 1999 sind zwei neue Baumdenkmäler hinzugekommen: die knorrige **Präsidenteneiche**, die der damalige Bundespräsident Johannes Rau pflanzte, und die prächtige **Ministerpräsidenteneiche**, die vom ehemaligen Landesvater Peter Harry Carstensen in die Erde gesetzt wurde. Im **Erlebnis- und Erholungswald** ist ein Waldspielplatz zugänglich, und es lassen sich das ganze Jahr über Wildschweinfamilien beim Fressen, Spielen und Kuscheln beobachten.

Jeden Mittwoch von April bis Oktober findet um 15.30 Uhr eine Wildfütterung statt. In der Dämmerung werden vom BUND interessante Fledermausführungen angeboten.

SIGGENEBEN

Verwunschen, wie aus dem Märchen

Von Grube Richtung Norden erreicht man über eine schmale, von Feldern gesäumte Zufahrtsstraße das winzig kleine Dorf. Etwa »zwei Hand voll« schneeweiße Reetdachkaten schmiegen sich in die Landschaft ein. Mit ihren Sprossenfenstern, dem dreieckigen Brettergiebel sowie dem Firstbrett mit dem »Uhlenlock« (Eulenloch) erinnern sie an vergangene Dörfer – wie aus dem Bilderbuch.
Kaum zu glauben, dass die Häuser vor nur wenig mehr als 100 Jahren (1914) entstanden sind. Die Initialen K. F. weisen auf den Erbauer der Häuser hin, den Gutsherrn Karl Feddersen. Dessen Vater Ludwig Feddersen erwarb Gut Rosenhof, das sich bis dahin im Besitz des Klosters Cismar befand. Der Sohn führte das Gut zur Blüte

Nicoletta Adams

und entwarf für seine Landarbeiter/-innen das Wohndorf Siggeneben. Es entstanden Zweiwohnkaten, bestehend aus Wohnküche und Stallgebäude. Noch heute tragen die Häuser die Namen ihrer ursprünglichen Bestimmung: Posthus, Witwenhaus, das Fachhallenhaus Wöddelkrog, Schule, Schulscheune, Stövmöhl (Staubmühle) oder Ziegelei. Sie sind von prachtvollen Bauerngärten umgeben, die um die Wette blühen. Ein Spaziergang durch das Dorf ist wie ein Gang durch alte Zeiten. Man kann sich in den Details verlieren, einem »Herz«-Häuschen am Straßenrand oder einer eindrucksvoll ausgehöhlten Kopfeiche, die sich als Naturdenkmal ins Landschaftsbild einfügt.

GRUBE

Ruhepol im Hinterland

Etwa vier Kilometer von Dahme und der Küste entfernt liegt der geschichtsträchtige Ort Grube. Man vermutet anhand prähistorischer Funde Besiedlungsspuren bereits von vor rund 7.500 Jahren. Gesichert ist, dass der Ort von Slawen gegründet wurde. Backsteinhäuser aus dem 19. Jh. säumen in relativ geschlossener Reihe die lang gezogene Hauptstraße. Am Südende weitet sie sich zum Kirch- und Marktplatz mit der sehenswerten **St. Jürgen Kirche**. Erbaut wurde sie in der ersten Hälfte des 13. Jhs. und um 1460 noch einmal in großen Teilen neu errichtet, etwa die Außenmauern mit den gotischen Fenstern. Nach einem dramatischen Glockensturz während eines schweren Orkans im Jahr 1718 konnte das Mauerwerk erst 60 Jahre später restauriert werden. Auch heute ist die Sanierung von Dachstuhl, Glockenturm und

Kirchenschiff auf großzügige Spenden angewiesen, bei der das ganze Dorf mithilft. Nach Abschluss der Arbeiten kann die Innenausstattung wieder uneingeschränkt bewundert werden. Besonders beeindruckend ist der dreiflügelige, spätgotische **Schnitzaltar**. Er zeigt zwei Bildzustände, sogenannte Wandlungen: In der Fastenzeit und zu Totensonntag sind die Flügel geschlossen, sodass man Szenen aus dem Leben Heiliger wie in einem Bilderbuch »lesen« kann. Eindrücklich sind der Drachenkampf und die Enthauptung des Hl. Georg, des Namenspatrons der Kirche (niederdeutsch hl. Jürgen). In der übrigen Zeit wird der Schrein geöffnet, und man sieht farbig gefasste Schnitzfiguren, in der Mitte die anrührende Kreuzigung.

Der Gruber Taufengel konnte von der Decke herabgelassen werden, in den Lorbeerkranz wurde dann die Taufschale eingesetzt.

Ein weiterer Blickpunkt ist die tulpenförmige Kanzel (1760) mit ihrem achtseitigen Schalldeckel von dem Gruber Tischlermeister Johann Caspar Stahl. Der heilige Jürgen ist der Schutzpatron der Bauern, Soldaten und der Kranken, der beherzt das Böse bekämpfte. Bei der großen Sturmflut von 1872 retteten sich viele Einwohner von Grube in seine Kirche und überlebten dort.

ZU VIEL NACKTE HAUT

Schon im 18. Jh. zeichnete sich ein akuter Platzmangel in den meisten Kirchen ab, dem oft die Taufsteine weichen mussten. Abhilfe versprach ein Taufengel, der an der Decke befestigt war und zu Tauffeiern an einem Seil heruntergelassen werden konnte. Dies sollte auch in der Gruber Kirche geschehen. Dafür zahlten die Gruber Bürger im Jahr 1768 für ihren Taufengel 105 Mark an den Lübecker Bildhauer Hartwig. Bis zum Weihnachtsfest im Jahr 1844 war er in ständigem Gebrauch bei der Zeremonie der Taufe. Als der Kirche zum Fest ein Taufstein aus Cismar geschenkt wurde, fiel dem damaligen Pastor Nikolaus Börn ein Stein von Herzen. Denn der »fast anstößig (nackte)« Engel mit den deutlich weiblichen Formen, die nur von einem Lendentuch verhüllt sind, war der Gemeinde längst ein Dorn im Auge. So konnte er endlich auf die Empore verbannt werden, wo ihn der Aufbau des Siggener Stuhls verdeckte. Heute hängt der Engel wieder erhobenen Hauptes von der Decke herab und zieht mit schalkhaften Grübchen die Aufmerksamkeit auf sich. Er hält in der rechten Hand einen Lorbeerkranz, in den die Taufschale eingesetzt werden kann, die linke trägt einen Palmenzweig als Symbol des Friedens.

PASTORAT – DAS ÄLTESTE DATIERTE BAUERNHAUS SCHLESWIG-HOLSTEINS

An der Ostseite des Kirchhofs stand einst das Pfarrhaus. Heute hat das Fachhallenhaus seinen Platz als einmaliges Naturdenkmal im Freilichtmuseum Molfsee bei Kiel gefunden. Ein Pastorat war zur damaligen Zeit ein Bauernhaus mit Ställen und einem Stück Land, damit der Pastor seinen Lebensunterhalt aufstocken konnte. Über dem Türsturz ist in Niederdeutsch zu lesen, dass es am 17. Mai 1569 als Wohnung für Pastor Jeremias Stricker errichtet wurde. Dessen Bruder Johannes schrieb dort 1584, durch die Reformation beeinflusst, das niederdeutsche Jedermann-Spiel »De düdesche Schlömer«, in dem er den Adel der Gewalttätigkeit und Prasserei beschuldigt. Die Angegriffenen setzten ihm so zu, dass er aus Grube nach Lübeck floh, wo er 1598 starb. Das letzte historische Pfarrhaus (1787–1959) hatte im Jahr 1887 Theodor Storm zu Gast. Der berühmte Dichter besuchte dort seine Tochter Lisbeth, deren Mann ins Pastorat Grube versetzt worden war. In dieser Zeit soll er an seiner Novelle »Der Schimmelreiter« gearbeitet haben. Handgeschriebene Zeilen Theodor Storms sind im Museum einzusehen.

DORFMUSEUM

Im 1850 erbauten Wohnhaus einer Putzmacherin (Modistin/Hutmacherin) wird die Dorfgeschichte vorgestellt. Sie ist eng mit der Geschichte des Gruber Sees verbunden. Man erfährt etwas über das Leben der Steinzeitmenschen, den Fischfang und die Reetdachdecker und über die Trockenlegung des Sees 1938 zugunsten der landwirtschaftlichen Nutzung. Ein Klassenzimmer aus den 30er-Jahren ist nachgebaut, auf der Tafel ein ABC in Sütterlinschrift. Ein handgetriebener Spinnstuhl aus dem 19. Jh. beeindruckt allein durch seine Größe und die kompliziert aussehende Mechanik mit den 60 Spindeln. Auch die »Platznahme« des Geräts war abenteuerlich. Der lange Spinner musste über die ursprünglich mit einem Balkon versehene Vorderfront ins Innere gehievt werden. Diese wurde anschließend wieder zugemauert! Alle zwei Jahre wird hier das Jedermann-Spiel »De düdesche Slömer« aufgeführt. Dem Storch auf dem Nachbarhaus schaut man via Videokamera in die Kinderstube. Vor dem Museum ist der große Mühlstein der ehemaligen Mühle in den Gehweg eingelassen. Sie stand seit 1460 in der Nähe des ehemaligen Gruber Sees.

Hauptstr. 18, Mai–September Mi. und Fr. 16–18 Uhr, 1,50 €

DER GRUBER SEE

Wenig erinnert daran, dass Grube einst eine Hafenstadt war. Vor etwa 100 Jahren lag der kleine Ort an einem Seenverbund aus fünf Seen von immerhin 1.000 Hektar Fläche mit Zugängen zur Hohwachter und Lübecker Bucht. Er war reich an Hechten, Brachsen, Aalen, Rotaugen und Schleien. Mit zunehmender Verlandung und dem Kappen der Verbindung zur Ostsee wurde das Wasser brackiger und entwickelte sich zu einem stinkenden Krankheitsherd, Fieberepidemien breiteten sich aus. Der See wurde Ende des 18. Jhs. bis zu Beginn des 20. Jhs. trockengelegt. Aus der ehemaligen Insel mitten im Gruber See entstand der Paasch-Eyler-Platz, der den Namen des Stifterehepaars Heinrich Paasch und Claudine Eyler trägt. Auf diesem Festplatz wird Mitte Juli in Erinnerung an die ehemalige Seenlandschaft das Gruber Seefest gefeiert.

KLOSTER CISMAR

Abseits vom Strandleben entdeckt man die ganz andere Welt der kleinen Gemeinde Cismar, die reizvoll am Waldrand liegt. Hauptanziehungspunkt sind die Überreste des ehemaligen Benediktinerklosters aus dem 13. Jh., umgeben von einem eindrucksvollen alten Baumbestand und weiten Wiesenflächen.

VERSETZUNGSORDER VON HÖCHSTER STELLE

Gerne wird die Entstehungsgeschichte der ehemaligen Benediktinerabtei mit dem sittenwidrigen Verhalten der Mönche begründet. Das in Lübeck ansässige Johanniskloster war demnach in Verruf geraten, nachdem sich die Mönche unkeusch den benachbarten Zisterziensernonnen gegenüber verhalten haben sollen. Andere Zungen behaupten, der Lübecker Klerus habe den Umzug aus wirtschaftlichen und machtpolitischen Gründen veranlasst, hinter dem Rücken der streitbaren Lübecker Bürgerschaft. Egal, aus welchem Anlass, den Mönchen war die Versetzung in das beschauliche Wagrien (Ostholstein) ein Dorn im Auge. So dauerte es bis zum Jahr 1247, bis die etwa 20 Klosterbrüder in das neue Kloster in der Nähe des Dorfes Cismar umgesiedelt waren. Die um 1240 begonnene **Klosterkirche** gehört zu den herausragenden Bauten der norddeutschen Backsteingotik. 1249 wurde im noch heute original erhaltenen Gewölbekeller eine heilkräftige Quelle entdeckt und zügig für heilig erklärt. Aufgrund dieser **hl. Johannisquelle** und wertvoller Reliquien avancierte das Kloster zum bekannten Wallfahrtsort. Der kostbare und auch einträgliche Reliquienschatz wurde in einem **Flügelaltarschrein**, einem sogenannten Retabel aufbewahrt. Im Mittelteil sind Szenen aus dem Leben Christi, in den Flügeln Darstellungen aus dem Leben des Ordensgründers Benedikt von Nursia und des Klosterpatrons Johannes abgebildet. Er ist der älteste erhaltene Altar seiner Art (1310/20), der mit seinen farbenprächtigen

Darstellungen noch heute beeindruckt. Die Pest und die Kriegswirren im 14. und 15. Jh. dezimierte nicht nur die Bevölkerung der umliegenden Orte, sondern auch die Pilgerschaft. Und als dann noch Mitte des 15. Jhs. verbreitet wurde, dass die »Heilig-Blut-Reliquie« eventuell nur ein zusammengerolltes Stück Purpurseide ist, blieben die Pilger aus.

Infolge der Reformation ging das Kloster im Jahr 1560 an das Haus Gottorf, die Klosterkirche wurde in ein protestantisches Gotteshaus gewandelt, Klausurbauten und Kreuzgänge verfielen immer mehr. Die wertvolle **Klosterbibliothek** kam über Schloss Gottorf nach Kopenhagen in die weltbekannte Dänische Königliche Bibliothek. Im 18. Jh. wurden im Laienschiff zwei Zwischendecken eingezogen und in einen Wohnsitz des Amtmanns umgewandelt. Nicht zuletzt wegen der hervorragenden Akustik der Klosterkirche, in der heute viele Musikveranstaltungen stattfinden, wurde der Komplex bis 1987 renoviert. Die Klosteranlage ist inzwischen eine Dependance der Stiftung »Schleswig-Holsteinische Landesmuseen Schloss Gottorf«. In den Sommermonaten ist die ehemalige Amtswohnung ein Ort für wechselnde Ausstellungen und Konzerte.

Einmal im Jahr, am zweiten August-Wochenende, verzaubert das **Klosterfest** drei Tage lang die Besucher mit einem mittelalterlichen Markt. Dort zeigen Kunsthandwerker

wie Korbflechter, Hutmacher, Keramiker, Glasbrenner, Weber oder Schmuckdesigner ihre Werke sowie deren Entstehung, und es werden regionale Köstlichkeiten angeboten. Ein Besuch ist schon wegen der Umgebung äußerst empfehlenswert.

… HÄLT LEIB UND SEELE ZUSAMMEN

Grit Reibe ist die Chefin des **Klostercafés**, das in dem ehemaligen Refektorium eingerichtet ist. In den alten Klostermauern werden Gemüsesuppen, Holsteiner Eierpfannkuchen (süß oder herb), Würstchen und Kartoffelsalat sowie hausgemachte Torten angeboten. Auffallend sind die Spitzbogennischen, in denen einst die Mönche ihr Essgeschirr aufbewahrten. Warm und gemütlich war es schon damals, denn die historische Heizungsanlage liegt direkt unter dem Speisesaal im Kellergewölbe. Dort findet sich auch die wundertätige Johannisquelle. Ob sie heute noch sprudelt, bleibt ein Geheimnis. Im Brunnenkeller wird die Geschichte des Klosters dokumentiert. Oberhalb des Cafés leben Kunststipendiaten des Landes Schleswig-Holstein.

Ostern – Oktober, Di. – So. 10 – 18 Uhr

KRÄUTERLEHRE UND NATUR

Im **Klostergarten** geht es immer der Nase nach, um Küchenkräuter und Heilkräuter zu entdecken, die teils eindrucksvolle Blüten entwickeln. Daneben finden sich viele Nist- und Wohnhilfen für Tiere, wie das große Insektenhotel. Schmetterlinge, eine Kolonie Mauersegler und das heimische Eichhörnchen locken zusätzlich die Besucher an. Vom Kloster führt ein beschilderter **Naturlehrpfad** durch den Klosterpark um den Klostergraben herum. Man erfährt viele interessante Zusammenhänge: Unter anderem wurden gerade Eschen gerne in der Nähe von Burgen angepflanzt, da sich

das langfaserige und elastisch biegsame Holz ideal zur Herstellung von Lanzen, Speeren und Jagdspießen eignete. Oder: Den großen Zunderschwamm findet man noch heute an toten oder absterbenden Laubbäumen. Er wurde früher zum Anzünden von Feuer benutzt (»brennt wie Zunder«).

Kaum jemand vermutet in dem kleinen Dorf Cismar ein ungewöhnliches Museum und fernöstliche Keramik. Lassen Sie sich überraschen.

DAS ETWAS ANDERE NATURMUSEUM

Vollrath Wiese ist der engagierte Leiter des besonderen Museums. Das **Haus der Natur** beherbergt neben den für ein Naturkundemuseum üblichen Ausstellungsstücken, wie Mineralien, Versteinerungen, Gesteinen der Erdzeitalter, archäologischen Funden aus der Umgebung sowie präparierten Tieren in anschaulichen Dioramen, das Spezialgebiet des Hausherrn: **Muscheln und Schnecken**. Mit mehr als 5.000 ausgestellten Arten besitzt es eine der größten Muschel- und Schneckensammlungen in Deutschland. Darunter befinden sich auch höchst ungewöhnliche Exemplare: Ihre Schalen reichen von Sandkorngröße bei der einen Millimeter kleinen Windelschnecke bis zu dem über einen Meter mes-

senden Gehäuse der Riesenmuschel. Eine ganze Schatzkiste liegt voll »Muschel«-Geld oder Kauri-(Schnecken-)Geld, das noch bis vor 50 Jahren als Geldersatz am Indischen Ozean, dem Pazifik und in Westafrika benutzt wurde. Über zwei Etagen mit elf Sammlungsräumen werden unzählige Exponate präsentiert.
Beachtenswert ist auch die Eiersammlung, vom Kolibri-Ei bis zum Ei des vor ca. 1.000 Jahren ausgestorbenen Madagaskar-Riesenstraußes. Dessen Inhalt fasste bis zu acht Liter, das entspricht etwa 180 Hühnereiern! Sehr anschaulich wird dargestellt, wovon die Größe der Tiere oft abhängt: etwa vom Salzgehalt des Wassers, der von Nordwesten nach Osten abnimmt. Daher werden die Meerestiere, etwa Miesmuscheln, nach Osten hin kleiner. Viele Aktionsfelder in den Abteilungen sowie die wechselnden Sonderausstellungen versprechen einen interessanten und vergnüglichen Nachmittag.
Vor dem Museum steht die Skulptur eines Mönchs mit Karpfen und Weinbergschnecke. Der Künstler Manfred Klodt symbolisiert damit die Arbeit der Mönche, die früher auch von der Zucht dieser Tiere lebten. Den großen Finnwal aus ghanaischem Beliholz schuf der Egestorfer Künstler Friedrich Pankow.

GEPRÄGT VON SCHLICHTER ELEGANZ

Ein paar Schritte über die Straße in einem hübschen alten Pastoratsgebäude begegnet man den Keramikarbeiten von **Jan Kollwitz**, die so ganz anders sind als alles, was man hierzulande aus der Keramik kennt. Das Innere des typisch norddeutschen Backsteinhauses überrascht mit einer warmen, sehr ruhigen, minimalistischen Atmosphäre, die sofort auf die einzelnen Stücke fokussiert.
Jan Kollwitz, der Urenkel von Käthe Kollwitz, fertigt die Gefäße in alter japanischer Tradition und Arbeitsweise. Im Mittelpunkt steht die Brenntechnik in einem Anagama-Holzofen. Dort wird der weiße Ton während des viertägigen Brandes gefestigt. Dazu muss alle drei Minuten Holz nachgeschoben werden, ein äußerst anstrengender Prozess. Der ungewöhnliche Glanz und die Färbungen entstehen nicht durch eine vorher aufgetragene Glasur, sondern durch Rauch, Flammen und die Flugasche während des Brandes.
Der Künstler, der eine zweite Keramiklehre in Japan absolviert hat, ändert die Form der Gefäße traditionell kaum, jedoch ist jedes Stück anders und strahlt seine eigene Energie und Schönheit aus. Man merkt den Objekten die Liebe und Ausgeglichenheit des Keramikers an. Seine Werke stehen in vielen nationalen und internationalen Museen, wie etwa im Boston Museum of Fine Art.

HOF KLOSTERSEE

Der Klostersee hat sich vor 4.000 Jahren aus einer bis etwa Cismar reichenden Meeresbucht gebildet. Mitte des 19. Jh. wurde er eingedeicht und trockengelegt und so in einen ertragreichen Gutsbezirk umgewandelt. Auf dem biologisch-dynamisch geführten Hof wird ein Hofladen (Mo.–Sa. 9–18 Uhr, November–März samstags 9–16 Uhr), eine Bäckerei und eine Käserei betrieben. Im Café warten hausgemachte Kuchen und italienische Kaffeespezialitäten auf die Gäste.
Mo.–Sa. 9–18 Uhr, im Winter samstags nur bis 16 Uhr

GRÖMITZ

Ostseebad (an) der Sonnenseite

Die einstige Handelsstadt mit eigenem Stadtrecht verlor nach dem Wegzug der Mönche aus Cismar an Bedeutung. Erst mit dem 1813 neu aufflackernden Badebetrieb machte es sich erneut einen Namen. Den Ausschlag gab die Kapitänsfrau Sophie Stahl, die 1872 ihr Gasthaus »Zu den vier Linden« eröffnete und die Gäste mit holsteinischer Kochkunst verwöhnte. Seitdem hat sich der größte Ort an der Ostküste stets weiterentwickelt und dem Tourismus geöffnet. 1928 erfanden drei Bürger im Kurhotel den Slogan »Das Bad der Sonnenseite«, der sich bis heute gehalten hat. Der 70er-Jahre-Charme mit großen Campingplätzen für den Massentourismus wandelte sich konsequent zu einem modernen Seebad, in dem Gemütlichkeit, sportliche Aktivität und Genuss an erster Stelle stehen. Dazu trägt auch die **Seebrücke** bei, die Mittelpunkt, beliebter Treff- und Startpunkt für diverse Schiffsausflüge ist.

IM ANZUG AUF DEN MEERESBODEN

Fast 400 Meter führt sie auf die Ostsee hinaus: Sie kann sich rühmen, die längste Seebrücke an der schleswig-holsteinischen Ostseeküste zu sein. Das Meeresrauschen darunter rückt der Horizont ganz nah, und auf dem Rückweg hat man das Grömitzer Strandleben und die Promenade ungestört im Blick. Die Brücke wird bis Mitte 2018 runderneuert, soll Ruhe- und

Aktionsbereiche sowie ein neues Beleuchtungskonzept und eine veränderte Form bekommen. Von ihrer Spitze geht es auf die Ostsee mit dem Ausflugsschiff nach Boltenhagen, Wismar oder Travemünde, oder man taucht mit der **Tauchgondel** unter die Wasseroberfläche in die Lebenswelt der Ostsee ein. Durch das sechs Zentimeter dicke Stahl-Spezialglas kann man sicher und trocken etwa 30 Zentimeter über dem Meeresboden die Wasserwelt der Ostsee beobachten: Rosa oder lila schimmernde Ohrenquallen, vielleicht auch eine gelbe Feuerqualle, von Miesmuscheln besetzte Gerölle oder ein kleiner Fischschwarm tauchen unvermittelt auf. Das Maschinendeck bleibt immer über Wasser, sodass ein sofortiger Ausstieg jederzeit möglich wäre.

WER DIE WAHL HAT ...

Der acht Kilometer lange Küstenabschnitt bietet neben der Erlebnispromenade mit Ruhezonen, vielfältiger Gastronomie und unterschiedlichen Boutiquen einen ausgesprochen feinsandigen, breiten Sandstrand in wunderbarer Südlage mit Dünen und Steilküste. Es ist Platz genug zum Sonnenbaden und Ruhen, aber auch für Beachvolleyball, Spielplätze und die unterschiedlichsten Veranstaltungen. Größere Grünflächenbereiche lockern die gerade Promenade auf. Auf der ehemaligen »Wandelbahn«, der ursprünglichen Kurpromenade, steht die schöne Jugendstil-Strandhalle, in der es schon im 19. Jh. einen Ausschank gab. Immer wieder kreuzen Kunstwerke den Weg, wie der fast lebensgroße, entspannt sitzende Bär: Berliner Künstler gründeten 1978 die »Galerie Kloster Cismar«, deren Tradition ab 1987 im Kur- und Badezentrum Grömitz fortgesetzt wurde. **Günter Anlauf**, der Vater der Berliner Denkmalbären, schuf den Bären 1997 als Symbol der Verbundenheit zwischen Grömitz und Berlin. Ein identisches Exemplar steht auf dem Mittelstreifen der A 111 kurz nach dem Ortsschild Berlin.

ORTE ZUM ERHOLEN

Um den Marktplatz herum gibt es noch historische Gebäude, der eigentliche Blickpunkt ist jedoch die **Nicolaikirche**. Vermutlich aus dem 13. Jh., ist sie dem Bischof Nikolaus von Myra, Namensgeber des Nikolausfestes und Schutzpatron der Fischer, gewidmet. Das Langhaus baut sich aus ordentlich gesetzten Schichten von Findlingen (Geschiebe) auf, der Turm und die Sakristei wurden aus Backsteinen später davor gesetzt. Die teils von Hand behauenen Geschiebe stammen eventuell von Megalithgräbern aus der Zeit von vor 5.000 bis 4.000 Jahren. Der erste Westturm aus dem 15. Jh. war ursprünglich höher, wurde aber bei einer Sturmbö seiner Spitze beraubt. Die

Grömitzer Bürger mussten im Jahr 1665 das Geld für die neuen Ziegel beim Bischof von Lübeck regelrecht erbetteln.
Beim Betreten der Kirche überrascht zunächst das laute Ticken des großen mechanischen Uhrwerks. Seit 1904 läuft es nahezu störungsfrei und bewegt das Pendel verlässlich Minute um Minute. Im Innern fällt der gotische Chorbogen mit dem kunstvoll gemalten Rankenwerk aus der Renaissance auf. Er grenzt den Altarraum mit der überwiegend barocken Einrichtung ab. Der Altar ist ein Werk des Holzschnitzers und Malers Johann Tatz (1734), die Kanzel mit den schönen Rokoko-Ornamenten stammt von Johann Georg Moser (1766). Äußerst ungewöhnlich ist die Taufe mit der mächtigen Taufkrone. Das spätbarocke Kunstwerk ist mit reichen Schnitzereien in drei Etagen geschmückt, mit der Taufe Jesu durch Johannes den Täufer gekrönt. Beim Umwenden erblickt man die ganz in Hellgrau und Silber gehaltene Barockorgel, die ins Kirchenschiff hineinhängt. Sie ist ein Werk des Lübecker Orgelbauers Bünting. Der ungewöhnliche, mit Delfinen und muschelförmigen Tellern verzierte »Fischerleuchter« und der Getreidehalme und Landleute zeigende »Bauernleuchter« wurden aufgrund einer privaten Spende 1988 gefertigt. Sie symbolisieren die beiden Ortsteile, aus denen das Ostseebad entstand: das einstige Fischerdorf und das Bauerndorf Grömitz. Täglich 7.30 – 19 Uhr
Hinter der Kirche führt eine Treppe zum »Nicolaiblick«-Saal und zum leicht hügeligen Kurpark mit schönen alten Bäumen, Spielgeräten und einem hübschen Teich.

Eine ganz andere Art der Entspannung erlebt man in der **Grömitzer Welle**. Wasserratten und Wellnessfans können zwischen 30 Grad warmen Wasserbecken, einer großen Saunalandschaft mit Außenbecken, Whirlpool, Strömungskanal, Rutsche und Gastronomiebereichen wählen.

ARCHE NOAH AN DER OSTSEE

Etwa 300 Tiere aus vielen Ecken der Welt lassen sich in dem privat geführten Zoo zum Teil hautnah beobachten oder sogar streicheln; es gibt u. a. Frettchen zum Anfassen. Kamele, Löwen, Lamas, Waschbären, Zwergesel, Luchse und schwarze Leoparden leben in liebevoll angelegten Gehegen; die 400 Quadratmeter große Schimpansenanlage etwa ist preisgekrönt. Den kleinen Zoo betreibt Familie Wilhelm schon seit über 40 Jahren und verzichtet dabei weitgehend auf Zäune und Gitter in den begehbaren Kontinentenanlagen. Bei den Fütterungen (meist um 11 und um 15.30 Uhr) kann man das Verhalten der Tiere besonders gut studieren.

SEGELN UND KLETTERN

Die Erlebnispromenade am **Lensterstrand** spricht vor allem durch flache, breite Treppenstufen, die an den Strand führen, den maritimen Spielplatz, den Minigolfplatz (3–4 €) und die Naturerlebnisstation an. Vom Strand reicht der Blick, an dem manche Lounge-Zone eingerichtet ist, bis zum Yachthafen. Der feierte 2017 sein 50-jähriges Bestehen; in der langen Zeit entwickelte er sich zu einem der größten Seglerhäfen der Region.
Hinter dem Yachthafengelände erreicht man die 14 Meter hohe Steilküste, die zu ausgedehnten Entdeckungsspaziergängen einlädt. Einen besonderen Nervenkitzel erlebt man im **Ostsee-Kletterpark** Kraxelmaxel in Höhen zwischen vier und zehn Metern.

SCHÄTZE AM STRAND

Der Spaziergänger am Strand sieht am häufigsten Schalen der **Herzmuschel** und der **Baltischen Plattmuschel**, die auch rote Bohne genannt wird, sowie der **Sandklaffmuschel** (Mya), die bis 14 Zentimeter groß wird und einen charakteristischen löffelartigen Fortsatz (Ligamentlöffel) in der linken Klappe besitzt. Mitunter findet sich auch noch die nur einen halben Zentimeter messende **Linsenmuschel**. An steinigeren Stränden liegen häufig die **Miesmuscheln**, die in Muschelbänken mit mehreren Tausend Exemplaren auftreten. Die Innenseite der Muschel ist mit einer dünnen lila-rosafarbenen Perlmuttschicht ausgekleidet. Der Name leitet sich vom plattdeutschen Wort »Mois« ab, das Moos bedeutet, da sie häufig mit Algen bewachsen ist.

Weitere Funde können auch Panzer der Strandkrabben, Gehäuse von Strand- oder Wellhornschnecken, rund geschliffene Ziegelsteine oder viele andere Gerölle unterschiedlichster Gesteinsarten sein. An der Steilküste findet man – vor allem nach Stürmen – mit etwas Glück auch ab und an **Fossilien**: versteinerte Seeigel, Stachelbruchstücke der Seeigel, Innenskelette von Tintenfischen (sogenannte Donnerkeile), kleine graue Brachiopoden (muschelähnliche Armfüßer), Seelilienstängel oder Austernschalen. Strandführungen werden vielerorts angeboten, u. a. vom Haus der Natur in Cismar.

NEUSTADT

Stadt der Kornhändler, Holzkaufleute und Reeder

Ein Besuch der netten kleinen Stadt lohnt sich bei jedem Wetter. Sie bietet mit dem Museum zeiTTor archäologische und geschichtliche Leckerbissen, jahrhundertealte Gebäude, einen bunten Markt, altes Handwerk und Raum zum Bummeln, Einkaufen und Genießen.

Bereits in der Mittelsteinzeit war der natürliche Hafen bewohnt. Bis Ende des 12. Jhs. saß ein wendischer Fürst in einer Burg auf der Halbinsel im Neustädter Binnenwasser. Seit dem Eisenbahnbau 1880 ist die Halbinsel allerdings durch einen Damm mit dem Festland verbunden.

Da Lübeck 1226 zur freien Reichsstadt erklärt wurde, war es für das Land Holstein verloren. Daher sannen die Holsteiner Landesherren auf Abhilfe. 1244 gründete der Holsteiner Graf Adolf IV. an der Neustädter Bucht einen wirtschaftlichen Mittelpunkt für das südliche Wagrien. Die Lage war ideal, mit freiem Zugang zur Ostsee und einer geschützten, von der Natur angelegten Bucht. So befestigte man die »nighe stad bei der Crempen« mit Wällen und ehemals drei Stadttoren. Mit der Konkurrenz zu Lübeck wurde es allerdings nichts, da war die »Königin der Hanse« doch zu mächtig mit ihren pfiffigen und begüterten Kaufleuten. Zu bescheidenem Wohlstand reichte es jedoch, und der ist noch heute an den großartigen Speicherbauten abzulesen (s. u.). Bei mehreren Bränden, u. a. dem Großbrand im Jahr 1817, wurde viel von der mittelalterlichen Bebauung zerstört, dennoch besitzt die Altstadt einen mittelalterlichen Kern.

RUND UM DEN MARKT

Vor allem dienstags und freitags zieht der **Marktplatz** die Besucher an, wenn sich die Buden der Marktbeschicker aneinanderreihen. Auf der Nordseite des Platzes steht das **Rathaus** mit den beiden charakteristischen Säulen rechts und links des Eingangs. Es wurde nach dem Stadtbrand Anfang des 19. Jh. von dem dänischen Architekten Christian Frederik Hansen im klassizistischen Stil errichtet. Blickfang davor sind die beiden **Bronzefiguren der Fischer** des französischen Bildhauers Serge Mangin (1994). In ihrem Ölzeug und dem tief ins ernste Gesicht gezogenen Südwester sehen sie aus, als könnten sie sich jeden Augenblick bewegen. Sie bezeugen die Bedeutung der Fischerei für die Stadt. Die vom Markt abgehenden Fußgängerzonen »Kremper Straße« und »Hochtorstraße« laden zum Bummeln ein.

Am Südende steht die **Stadtkirche**, die zu den schönsten Pfarrkirchen des Hochmittelalters in Schleswig-Holstein gehört. Auf einer etwas verwitterten Kalksteinplatte links neben dem Eingang ist mit 1244 das Gründungsjahr der Stadt und vermutlich des frühgotischen Backsteinbaus angezeigt. Mit dem Bau des Turms selbst wurde genau 90 Jahre später begonnen. In allen Jahrhunderten erhielt die Kirche im Stil der jeweiligen Zeit weitere Ausschmückungen. Fast am schönsten ist die mittelalter-

Marktplatz

liche Ausmalung des Chores. Neben der dekorativen Betonung der Fensterlaibungen fasziniert vor allem der Figurenzyklus aus den großfigürlichen Apostelgestalten. Aus spätgotischer Zeit stammt u. a. das **Christophorus-Fresco** an der nördlichen Seitenschiffwand. Unverwechselbar sind die in die Blenden hineingemalten Fenster, die ein beleuchtetes Mittelschiff vortäuschen. Das **Triumphkreuz** mit der eindrücklich ausgestalteten Christusfigur stammt aus 15. Jh., wahrscheinlich aus der Hand eines Lübecker Meisters. Die **Kanzel** im Stil der Renaissance wurde von Otto von Ritzerow und seiner Frau von Gut Hasselburg gestiftet. Ebenfalls aus privaten Stiftungen stammen der beeindruckende Kronleuchter sowie der Silberleuchter auf dem Altar aus dem 17. bzw. 18. Jh. Man sollte auf die Aufhängung des Leuchters achten: Sie endet in einer Hand, die den Leuchter hält, und von unten streckt sich eine kleinere Hand entgegen. Den **Barockaltar** (1643) hatte der Hofbildhauer Zacharias Hübner ursprünglich für den Schleswiger Dom geschnitzt. Dort musste er dem berühmten Brüggemann-Altar weichen und wurde 26 Jahre später von der Gemeinde Neustadt erworben. Aus allerneuster Zeit stammt die **Taufe**, die die Hamburger Künstlerin Maria Pirwitz Mitte der 1960er-Jahre entwarf.

Jeden letzten Freitag im Monat findet die »Orgelmusik zur Marktzeit« statt, 11 – 11.30 Uhr

KREMPER TOR

Mit dem markanten Stufengiebel ist der Rest der Verteidigungsanlage von einst drei Toren, Wall, Mauern und Graben ein besonderes Wahrzeichen der Stadt. Im inneren Torbogen gibt es im Mauerwerk auf einem der Ziegelsteine einen Pfotenabdruck zu entdecken. Die einfache Erklärung ist die, dass beim Trocknen der Ziegel ein Hund zufällig über die noch weichen Tonsteine lief. Andererseits glaubten die Menschen im Mittelalter an Geister und Dämonen. Diese konnten von Hunden vertrieben werden. Also war der Abdruck doch absichtlich auf den Stein gelangt?!

MUSEUM ZUM MITMACHEN

Das im Torhaus eingerichtete Erlebnismuseum **zeiTTor** präsentiert die Geologie und die Ur- und Frühgeschichte Ostholsteins sowie Zeugnisse aus dem Stadtleben von Neustadt seit dem Mittelalter. Besonders einprägsam sind die steinzeitlichen (spätmesolithischen) Funde aus der submarinen Fundstelle »Marienbad«. Anfassen und Ausprobieren werden hier großgeschrieben, etwa bei vorgeschichtlichen Arbeitstechniken: Feuer machen mit dem Feuerbohrer oder Getreidemahlen à la Steinzeit.

Die Audioguide-Führung lässt berühmte Persönlichkeiten oder die Exponate selbst erzählen. Beeindruckend sind die Walharpune von ca. 5.000 v. Chr. sowie Moritatentafeln des Neustädter Malers Adam Hölbing. Der Letzte, der sie vorstellte, war der Bänkelsänger Ernst Becker mit seinem Auftritt auf dem Pfingstmarkt 1968. Außerdem bietet das Museum eine archäologische Sprechstunde an, in der mitgebrachte Funde bestimmt werden können (meist am ersten Freitag im Monat). Kinder und Jugendliche bis 18 Jahre haben freien Eintritt.

Die angeschlossene Gedenkstätte **Cap Arcona-Museum** erinnert an den Untergang der KZ-Häftlingsflotte (CAP ARCONA, THIELBEK, DEUTSCHLAND) in der Neustädter Bucht am 3. Mai 1945. Mehr als 8.000 Menschen kamen dabei ums Leben. Britische Bomber versenkten die Schiffe, die nicht als Flüchtlingstransport gekennzeichnet waren und zusammen mit Kriegsschiffen vor Reede lagen.

BLAUDRUCKEREI – DER BLAUE MONTAG

In dem etwas zurückgesetzten Laden (Vor dem Kremper Tor 11) lockt das Angebot von Textilien im Blaudruck. Das Familienunternehmen J. H. Koch fertigt sie schon seit mehreren Generationen an. In alter Tradition werden grafische Ornamente und Blumenmotive von Hand mit sogenannten Modeln, historischen Stempeln zum Handdruck, auf Leinenstoff gedruckt. Auf den Modeln befindet sich der Papp, eine farbabweisende Masse. So nimmt der Stoff die Farbe zwar an, die Muster bleiben dagegen weiß. Dabei kann auf einen Grundstock von rund 500 Modeln zugegriffen werden. Es entstehen die wunderschönen blau-weißen Stoffe, aus denen u. a. Tischdecken, Tücher, Schals und inzwischen auch Vorhänge gefertigt werden. Beim Direktdruckverfahren erfolgt der Druck ebenfalls per Hand auf Leinen oder Baumwolle. Hierbei wird der gesamte Stoff eingefärbt und das Muster mit einer anderen Farbe darauf gestempelt. Dabei können auch andere Farbvarianten gewählt werden, etwa rot auf creme, grün und blau

Restaurant untergebracht ist; der **Hoffsche Speicher** von 1828 befindet sich in der Unteren Querstraße. Am auffälligsten ist jedoch der 1830 gebaute und bis ins 20. Jh. genutzte Speicher am Eingang zum Binnensee. Die drei Reihen Dachluken dienten zur Lüftung und damit zur Trocknung des dort gelagerten Korns. Das sechsfach gestufte Walmdach erinnert durch seinen Aufbau an eine chinesische Pagode. Der Mühlenbauer Carl Friedrich Trahn lieferte den Entwurf für diesen ungewöhnlichen Bau. Ob ihn die fernöstliche Kultur oder die Notwendigkeit der Nutzung beeinflusste, ist nicht bekannt. Auf jeden Fall gefiel den Neustädtern das Gebäude, das schnell den Namen Pagodenspeicher erhielt und neben dem Kremper Tor zum Wahrzeichen der Stadt erklärt wurde.

WEDER SÜSS NOCH SALZIG

Vom Pagodenspeicher aus hat man einen guten Blick auf das **Binnenwasser**, das durch einen schmalen Wasserarm mit dem Hafen verbunden ist. Einst war es ein von den Gletschern zurückgelassener Eisstausee. Später floss er durch die Neustädter Rinne, dem heutigen Hafengebiet, in die Ostsee ab. Im Laufe der Jahrtausende stieg der Meeresspiegel an, das salzige Ostseewasser drang in das inzwischen verlandete Becken ein und bildete so einen nur 90 Zentimeter tiefen Binnensee. Durch den ständigen Zufluss der Kremper Au und somit von Süßwasser wurde das Wasser deutlich brackig. Die durch Pumpwerke nutzbar gemachten Auenflächen wurden inzwischen renaturiert und zum Naturschutzgebiet erklärt. Vor allem für Vögel sind sie zu einem wertvollen Rast- und Überwinterungsplatz sowie zum beliebten Brutgebiet geworden. Graugänse, Haubentaucher, Brandgänse, Höckerschwäne, verschiedene Rallen- und Entenarten fühlen sich hier zu Hause. In den Schilfzonen brüten Rohrweihe und Rohrsänger, und Seeadler überfliegen das Gelände. Auf der Burginsel konnte sich ein Waldgebiet mit den entsprechenden Pflanzen etablieren. Man findet dort auch botanische Besonderheiten wie das »Feine Hasenohr« und Pioniergesellschaften mit dem »Queller«. Ein Rundgang um den Burgwald dauert etwa eine halbe bis Dreiviertelstunde. Vom BUND werden Führungen angeboten.

STADTSTRAND UND SPORTBOOTHAFEN

Zum Sportboothafen gelangt man bequem zu Fuß oder mit dem Rad auf der umgestalteten Jungfernstieg-Promenade, die früher als Treidelpfad für die Schiffe genutzt wurde. Man läuft entlang des **Kunst-Kilometers**, der Künstlern aus Schleswig-Holstein die Chance gibt, ihre Objekte der Öffentlichkeit zu präsentieren. Die Kunstwerke lassen sich er- und befassen. Hinter der Hakennase des kleinen Hafens beginnt der beliebte **Stadtstrand** von Neustadt. Hier locken das schnelle Bad in der Mittagspause oder die Erholung nach Feierabend. Von den Bänken auf der Promenade mit einem leckeren Fischbrötchen auf die Hand sowie bei einer Tasse Kaffee oder Wein in der kleinen Ostsee-Lounge genießt man den freien Blick auf die ein- und auslaufenden Boote, ein Schwanenpaar oder den Sonnenuntergang. In der Saison finden Beachsoccer- und Beachvolleyball-Tourniere statt. In den Sommermonaten bietet das

BUND-Umwelthaus Urlaubern und anderen Tagesgästen verschiedene Aktionen an, wie »Ostsee entdecken im Flachwasserbereich«, »Blue-Caching«, »Auf den Spuren eines Piratenkapitäns«, »Bestimmung von Heilkräutern, Wiesenblumen oder Tieren«.

PELZERHAKEN UND RETTIN – ZWISCHEN TRENDSPORT UND TRADITION

An dem Strandabschnitt mit Südausrichtung reihen sich Campingplätze und moderne Ferienhäuser hinter dem Deich. Der Ortsteil Pelzerhaken hat sich vor allem bei Kite- und Windsurfern einen Namen gemacht. In dem flachen Wasser mit den vorgelagerten Sandbänken finden auch Anfänger ideale Bedingungen vor. Der Strand hat eine moderne Infrastruktur und ist in mehrere Bereiche eingeteilt: ein Areal für Wassersportler, einen wassersportfreien Bereich und einen Badebereich. Vor Ort gibt es ein Wassersportzentrum mit Surfschule, einen interessanten Spielplatz, eine Strandsauna mit Café und neben dem Parkplatz einen großen Bereich mit Toiletten und Duschen. In Richtung Westen hinter dem Leuchtturm, gelangt man ins Zentrum von Pelzerhaken mit einem breiten Sandstrand, der Seebrücke und verschiedenen Restaurants. Nach Osten führt die Promenade zum Ortsteil Rettin. Hier geht alles etwas ruhiger vor sich und eignet sich wegen des flachen Wassers gut für Familien mit kleineren Kindern. Hinter Rettin endet die Bebauung. Ein ruhiger Pfad geht entlang der Steilküste bis nach Grömitz.
Der Weg durch die Küstenlandschaft zwischen Pelzerhaken und Rettin wird von der Düne hinter dem Strand begleitet und ist gleichzeitig ein BUND-Info-Pfad. 17 Tafeln

informieren u. a. über Natur und Geschichte der Landschaft und die Unterwasserwelt, weisen auf ökologische Besonderheiten, den Klimawandel sowie die Gefährdung der Ostsee hin und geben Tipps zur Erhaltung von Natur und Umwelt.

LEUCHTTURM PELZERHAKEN – DER DICHTER UND SEIN SEEHUND

Der Schriftsteller Hermann Löns kam 1913 nach Pelzerhaken zur Erholung. Dort schrieb er seine kurze Novelle »Der alte Seehund«. Sie handelt von einem weisen, alten Seehund, der die Fischer an der Nase herumführt, jede Nacht an den Strand von Pelzerhaken zurückkommt und ihre Netze ausräubert. Dann verschwindet er Richtung Neustädter Bucht, um zu verdauen und sich zu erholen. Dort war er durch Wellen von See und durch die Klippen von Land geschützt. So verbrachte er trotz der Flüche und Verwünschungen von Fischer Schütt und seinen Kollegen fein gemütlich ein langes Leben vor Pelzerhaken. Über Jahre war der Seehund an deutschen Küsten fast ausgestorben. Sein Auftauchen hatte extremen Seltenheitswert, da er als Nahrungskonkurrent des Menschen fast völlig ausgerottet wurde. Inzwischen werden seine »Urenkel« wieder öfters gesichtet. Der **Leuchtturm Pelzerhaken** entstand im Jahr 1843, erhielt 1936 jedoch eine Aufstockung von sieben Metern und eine Verblendung mit Ziegelsteinen. Der über 19 Meter hohe Turm fungiert als Orientierungsfeuer für die östliche Einfahrt in die Neustädter Bucht. Im Haus des Leuchtturmwärters waren 33 Jahre lang auch die Lotsen untergebracht. Inzwischen ist das Leuchtfeuer automatisiert und wird von der Verkehrszentrale in Travemünde überwacht. Man kann den Turm nur von außen betrachten.

BASILIKA ALTENKREMPE

Ein Eremit im Hinterland

Nur wenige Kilometer nördlich von Neustadt erhebt sich eine mächtige Kirche. Als dreischiffige Basilika, also als Kirche mit erhöhtem und belichtetem Mittelschiff, ist sie ausschließlich aus Backsteinen gebaut. Sie steht nahezu allein in den ehemaligen Niederungen der Kremper Au, ohne eigentliches Dorf, nur umgeben von ein paar Kätnerhäusern, die der Gutsherr vom nahen Hasselburg errichten ließ. Man fragt sich, wer und warum initiierte den Bau dieser spätromanischen Backsteinbasilika? Die Entstehung fällt in die Zeit der Missionierung dieses ehemaligen Slawenlandes, dazu wurde 1158 der Priester Deilav an die Au entsendet. Wahrscheinlich waren es der Lübecker Bischof und der fromme Schauenburger Graf Adolf II. gemeinsam, die in dem so lange heidnisch gebliebenen Gebiet ein prachtvolles Zeichen zur Ehre Gottes setzen wollten. Im Jahr 1197 verlieh dessen Sohn Adolf III. die Patronatsrechte über diese und vier weitere Kirchen an den Bischof von Lübeck. Die »Kirche von Crempene« wurde hier zum ersten Mal erwähnt. 1244 gründete Adolf IV. die mit Stadtrecht versehene »Nyge stad to dher Crempen« (= Neustadt). Das ältere Kirchdorf erhielt daraufhin den Namen Altenkrempe.

Die Kirche gehört zu den bedeutendsten romanischen Backsteinbauten des Landes. Im Laufe der Jahrhunderte, vor allem vom 17. bis zum Beginn des 20. Jhs. wurden mehrere Umbauten vorgenommen, besonders an der Dachkonstruktion. Im Fundament der aus Ziegeln errichteten Kirche liegen Findlinge, die teils Runeninschriften aufwei-

sen. Auf der Ostseite der Basilika findet man Fingerabdrücke auf den Backsteinen. Diese können beim Arbeiten mit dem noch weichen Material von den Zieglern stammen. Vielleicht waren es aber auch geheime Botschaften, die den Blick des Betrachters auf etwas Bestimmtes lenken sollte. Suchen lohnt sich!

Beim Betreten vermitteln die Rot- und Brauntöne eine angenehme Atmosphäre. Ein erster Blickfang sind die üppig gestaltete Kanzel und die bemalten Kreuzrippenbögen. Am meisten beeindruckt jedoch das Taufbecken als ältestes Ausstattungsstück. Es ist eine Kombination aus einem gotländische Kalksteinsockel vom Ende des 13. Jh. auf dem ein Bronzebecken vom Anfang des 14. Jh. ruht, geschmückt mit Apostelbildern und der Kreuzigungsszene. In dem Becken liegt eine Messingschale aus dem 17. Jh. Die Breite des Beckens ist einzigartig im Land und macht deutlich, dass der Täufling zu damaliger Zeit ganz in das Becken getaucht wurde. Die übrige Ausstattung ist barock überformt, die Glasfenster in Chorraum und Turm sowie die Orgel kamen 1900/01 in die Kirche.

OSTSEEBÄDER AM LAUFENDEN BAND

Die Ostsee wurde einst von einigen als »Salonmeer« belächelt: graublau, still, sanft und harmlos. Wiesen, Felder und Buchenwälder reichen bis an den Strand oder die Steilkante heran, die das Meer von Land her in Schach halten, hieß es. Spätestens nach der Extremsturmflut von 1872 mit einem Wasserpegel über dem Meeresspiegel

von weit über drei Meter war jedermann klar, dass dies so nicht stimmen konnte. Zusätzlich halten solche hohen Wasserstände bis zu 20-mal länger an als an der Nordsee, da an der Ostsee kaum ein Tidenhub auszumachen ist. Die Ostsee ist zwar insgesamt weniger rau als die Nordsee, aber die Fluten nagen jedes Jahr nach den Herbst- und Frühjahrstürmen an den Steilküsten und reißen große Stücke mit sich. Des einen Leid ist jedoch des anderen Freud: Der Sand, der an den Steilküsten, etwa bei Pelzerhaken und Sierksdorf, abgetragen wird, lagert sich an den Badeständen Sierksdorf, Haffkrug und Scharbeutz wieder an. Das Gleiche passiert am Brodtener Steilufer, von dessen Abtrag Timmendorfer Strand und Niendorf profitieren.
Die Seebäder gehen fast unmerklich ineinander über. Allen gemeinsam sind der feine Sandstrand ohne gröbere Steine und ein flacher Einstieg ins Meer als ideale Voraussetzung für einen Familienurlaub. Die Unterschiede liegen im Detail.

SIERKSDORF

Aber bitte mit Banane!

Der lang gestreckte, kleine Ort entwickelte sich nach dem Zweiten Weltkrieg zum Feriendomizil, in dem Apartment-Hochhäuser am Pfingstberg für genügend Wohnraum sorgten. Der alte Ortskern ist jedoch in seinem Ursprung erhalten, so auch ein idyllisch gelegenes, ehemaliges Landhaus, das zu einer Apartmentanlage (Aparthotel Seehof) umgebaut wurde. Von dort führt ein Weg über die wunderbare Steilküste zu einem Naturstrand, abseits vom Trubel. Er geht in einen fünf Kilometer langen Aktivstrand für Badenixen und Wassersportler über, ist dabei jedoch gemütlich und übersichtlich geblieben. Am Beginn der Promenade stehen kleine Fischerhäuschen, an denen man frischen Fisch kaufen kann. Die Kneipe »Zur Kogge« über die Straße bereitet leckere, frische Fischbrötchen zu. Ein **Maritimer Pfad** informiert über Seezeichen, die Jahrhundertsturmflut von 1872, die deutsch-deutsche Seegrenze und vieles mehr.

JAHRMILLIONEN BIS ZUM SCHMUCKSTEIN

Nordeuropa war vor etwa 55 bis 38 Millionen Jahren von einem tropischen bis subtropischen Mischwald bedeckt, in dem die Bernsteinkiefer wuchs. Seine Verletzungen verschloss der Nadelbaum mit einem Saft, dessen hellgelbe Farbe und der aromatische Duft Insekten und Kleintiere anlockten. Diese blieben am Harz kleben und wurde mit der Zeit darin eingeschlossen. Klarer **Bernstein** ist außen am Stamm gelaufen, der trübe lief innen entlang und wurde mit Pflanzenfasern angereichert. Starb der Baum ab, vermoderte sein Holz, das Harz aber überdauerte Jahrmillionen. Durch Eistransport gelangte der Bernstein zusammen mit anderen Geröllen nach Norddeutschland. Später wurde der sehr leichte Stein von der Strömung mitgenommen und lagerte sich in ruhigeren Zonen des Meeres ab. Von dort wird er heutzutage bei Stürmen wieder hochgespült.

Einen Bernstein zu erkennen ist gar nicht so schwer. Der Rohbernstein ist durch den Abschliff der Steine nicht vollständig von einer Verwitterungskruste umschlossen, sondern glänzt meist an einer Seite. Dadurch ähnelt er von Weitem zwar dem braunroten oder gelblichen Feuerstein, lässt sich aber durch sein geringes Gewicht unterscheiden. Außerdem lädt sich der Stein elektrisch auf, wenn man ihn an glatten Flächen (Pullover, Handrücken etc.) reibt, und zieht dann Fussel oder Papierschnipsel an. Zudem ist er brennbar, da er zu zwei Drittel aus Kohlenstoff besteht. Von dem mittelalterlichen Namen »bernen« oder »börnen« für »brennen« leitet sich auch der

Name ab. Verbrennen möchte man den Fund natürlich nicht, daher bietet sich ein weiterer Test an: Man löst 15 Gramm Salz in einem Glas auf, legt den Bernstein hinein, der an der Oberfläche bleibt. Andere Steine würden hinabsinken. Im Umwelthaus in Neustadt etwa können Besucher Bernstein schleifen. Das Fundstück lässt sich dann zu Hause leicht mit Nassschleifpapier und Zahnpasta aufpolieren.

VORSICHT PHOSPHOR – NIEMALS IN DIE HOSENTASCHE

In den letzten Jahren ist es – allerdings überwiegend an den Stränden Mecklenburg-Vorpommerns – ab und an vorgekommen, dass es sich bei einem vermeintlichen Bernsteinfund um weißen Phosphor gehandelt hat. Die Unterscheidung fällt selbst Kennern nicht leicht, da alle Tests für Bernstein auch für Phosphor stimmen: geringe Dichte, d. h., er schwimmt im Salzwasser oben, sowie Weichheit, Glanz und Farbe. Der aus Brandbomben des Zweiten Weltkriegs stammende Phosphor trocknet in der Hand oder der Hosentasche, verbindet sich mit Sauerstoff, entzündet sich und brennt in einer über 1.000 °C heißen Flamme ab. Zum Löschen eignet sich am besten nasser Sand, auf keinen Fall Wasser benutzen! Bernsteinfunde sollten daher im Zweifelsfall immer in einer Blechdose transportiert und einem Experten vorgelegt werden.

HISTORISCHER SCHULWALD

Eine hübsche und informative Abwechslung bietet der einen Hektar große Wald. Er wurde bereits im Jahr 1911 vom damaligen Dorfschullehrer gepflanzt. 100 Jahre später wandelte man ihn in einen »Wald mit allen Sinnen«. Die Eingänge sind mit ehemaligen oder noch gültigen Lern-»Objekten« gekennzeichnet: Lineal, Bleistift, »Denk«-Mal und Rohrstock. An interaktiven Stationen sind Geschick, Sprungkraft und Tastsinn gefragt: ein Barfuß-Fühlpfad, ein Schwebebalken, eine Kletterstrecke sowie Infotafeln zu Fauna (mit Insektenhotel) und Flora bieten reichlich Gelegenheit, sich auszuprobieren. In der Sprunggrube kommt die Wahrheit ans Licht: Hüpft man so weit wie ein Floh (0,6 Meter) oder wie ein Fuchs (2,8 Meter)? Am großen Vogelhaus lässt es sich gut ausruhen und beobachten.

DAS LÄCHELN DER NATUR

Sierksdorf ist durch das **Erste Deutsche Bananenmuseum** bei Liebhabern des Skurrilen bekannt. Bernhard Stellmacher hat mit viel Liebe und Ausdauer über 12.000 Objekte

der krummen Frucht in allen erdenklichen Varianten zusammengetragen. Kitsch, Kunst und Kurioses begegnen dem Besucher in einer kaum zu durchschauenden Fülle. Zum Glück ist der Museumsdirektor und unermüdliche Sammler immer zur Stelle, um durch das Gewirr im engen Raum zu führen. Fasziniert lauscht man den Döntjes (mehr oder weniger wahren Geschichten) über die Herkunft und Bedeutung der einzelnen Objekte.

Prof.-Haas-Str. 59, Sa. und So. 11 – 13 Uhr, allerdings wird das Museum zurzeit renoviert

EIN EXPRESSIONIST IN SIERKSDORF

Schräg gegenüber findet sich das Büro der Touristik-Information. In einer ständigen Ausstellung im Flur des Gebäudes sind einige Werke des Künstlers **Karl Schmidt-Rottluff** zu sehen. Der Maler und Expressionist verbrachte die Sommermonate der Jahre 1951 bis 1973 in Sierksdorf bei seinem Freund und Kollegen Günter Machemehl. Öffnungszeiten der Touristik-Information

Die Nachkommen des Malers Machemehl, Familie Jenett, öffnen zu bestimmten Terminen das ehemalige Atelier (s. jeweiligen Veranstaltungskalender).

MEHR ALS EIN VERGNÜGUNGSPARK

Der wichtigste Anziehungspunkt für Kinder und Jugendliche ist der **Hansapark**, Norddeutschlands größter Freizeitpark, und dazu der einzige, der direkt am Meer liegt. So kann man von den Fahrgeschäften aus die Segler und Surfer auf der Ostsee beobachten, falls einem nicht gerade der Atem stockt. Angefangen hat es mit der Gründung eines Legolandes im Jahr 1973, ein paar Jahre später wurde es als Hansaland mit dem Thema »maritime Hanse« eröffnet und immer mehr erweitert. Heute warten etwa 125 Attraktionen mit ungewöhnlichen Fahrgeschäften, die Nervenstärke herausfordern, und unterschiedlichen Themenwelten, u. a. Abenteuerland, Alter Jahrmarkt, Hanse in Europa, Hochseilgarten, Holzfällerlager oder Wildwasserfahrten. So bietet er für Besucher jeglichen Alters Spaß und Spannung, aber auch ruhigere Bereiche, in denen Mitmachen und Erforschen gefragt ist sowie genügend Platz zum Erholen und für Essenspausen besteht. Der Park wurde bereits mehrfach ausgezeichnet, u. a. mit dem Umweltpreis, und bekam vom Kinderschutzbund das »OK für Kids«. Es gibt die Möglichkeit, beim Freizeitpark zu übernachten.

AUSFLÜGE

Gömnitzer Berg

Westlich von Neustadt erhebt sich der »Berg« bis auf fast 94 Meter Höhe. Dort stand einst das einzige lebende Seezeichen an der Küste, der **Major**. Es handelte sich um einen mächtigen Baum, der den Schiffen als Navigationshilfe diente. Als er 1815 bei einem Sturm brach, setzte man als neuen Orientierungspunkt einen 13 Meter hohen Rundturm aus Backsteinen an dessen Stelle. In den 1960er-Jahren war er entbehrlich geworden und sollte gesprengt werden. Das wollten die Gömnitzer Bürger nicht zulassen. So wurde er schnell als Kulturdenkmal eingestuft und 1969 unter Denkmalschutz gestellt. Nach einer neuerlichen Sanierung soll er demnächst wieder bestiegen werden können. Aber schon vom Boden aus eröffnet sich ein weiter Blick über die Holsteinische Schweiz und die Lübecker Bucht.

Wasserski- und Wakeboardpark Süsel

Wenige Kilometer weiter ist auf einem Baggersee eine Wasserski-Anlage installiert. Auf zwei Bahnen können Wasserskiläufer und Wakeboarder ihre Fahrkünste beweisen. Man wird in unterschiedlichen Geschwindigkeiten über das Wasser gezogen. Für Anfänger und Profis ist es gleichermaßen ein großer Spaß. Selbst dem Zuschauer auf der kleinen Tribüne wird es nie langweilig. Bei einem kühlen Getränk hat man genug Zeit, sich Mut für einen zweistündigen Anfängerkurs zuzusprechen!

HAFFKRUG

Tradition und Leidenschaft

Das einstige Fischerdorf hat sich seine Ursprünglichkeit weitgehend erhalten und punktet mit hübschen reetgedeckten Häusern im Ortsbild. Den Ortsbeginn markiert die blau-weiß gestreifte Badekarre von 1813 (s. u.), eigentlicher Mittelpunkt ist jedoch die Seebrücke. Am »Alten Netzplatz« laden Strandkörbe zum Ausruhen ein, legen die Ausflugsboote ab, und er ist ein beliebter Treffpunkt für Jung und Alt. Viele Cafés und Restaurants begleiten die Promenade und die gegenüber liegende Straßenseite. Hinter einer flachen Düne breitet sich der zwei Kilometer lange Strand aus. Er ist wunderbar feinsandig und geht flach ins Meer über, sodass sich hier vor allem Familien mit kleineren Kindern wohlfühlen. Eine besondere Atmosphäre herrscht frühmorgens am Strand, wenn über dem Meer die Sonne orange-golden aufgeht.

Lange gab es an der Stelle des Dorfes nichts als offene Ostsee. Allmählich versandete die Bucht, und es bildete sich eine Landschaft aus Moor, Salzwiesen und Haffseen. Im 19. Jh. eröffnete ein Gastwirt dort seinen Krug, der bald als beliebtes Ziel für den Sonntagsspaziergang auserkoren war. Aus diesem Krug am Haff leitet sich der Name des Ortes ab. 1810 stellte ein Unternehmer ein erstes Badehaus auf, und ein Jahr später wurde das Elisabethbad ganz in der Nähe gebaut, durch das Haffkrug zu einem der ältesten Seebäder an der Bucht neben Travemünde avancierte. Die historische Badekarre erzählt von diesen Anfängen.

BADEKARRE

Die Badekarre wurde im 18. Jh. in England erfunden. Sie bot die Möglichkeit, getrennt nach Geschlechtern die Schicklichkeit beim Baden zu bewahren. Den Sinn und Zweck dieser hölzernen Karren schildert Joseph Freiherr von Eichendorff nach seinem Besuch 1805 in Travemünde sehr anschaulich: *»Jede dieser Karren besteht aus einem kleinen niedlichen Stübchen mit Stühlen, Stiefelknecht und allen Bequemlichkeiten, das auf zwei Rädern steht und auf der Seeseite ganz offen ist. Hat der sich zu Badende in die kleine Wohnung einlogiert, so wird sie einige Schritte weit ins Meer hinausgeschoben, und er kann sich nun auf einer vorn angebrachten Strickleiter* (bzw. Holztreppe) *ohne Gefahr so tief in die See herablassen, als er Lust hat.«* Und vor allem konnte man vom Strand ungesehen ins Meer tauchen und sich am Ende des Bades wieder in den Wagen zurückziehen, um sich dort umzukleiden.

DEM FISCHERLEBEN AUF DER SPUR

Überall im Ort begegnet man der Tradition und der Leidenschaft für die Fischerei, die die Bewohner aufrechthalten. Natürlich erhält man hier einen fangfrischen Fisch und leckere Fischbrötchen. Die kostenlose Führung des Fischers Lothar Frehse sollte man sich nicht entgehen lassen. Neben der beliebten Führung entlang des

Fischpfads bietet der Fischer auch abendliche Fackelwanderungen an. Sie dauern etwa eine Stunde und beginnen an der Seebrücke. Das Licht der Fackeln sorgt für die ideale Stimmung zu den Döntjes (Geschichten), die der Küstenfischer zu erzählen hat.

»HALB NACKT« IM OSTSEEWASSER

Einst machte ein Skandal Haffkrug weit über die Grenzen Schleswig-Holsteins hinaus berühmt. Der sozialdemokratische Politiker Gustav Noske und Reichspräsident Friedrich Ebert stiegen nur mit Badehose bekleidet in die Fluten und ließen sich mit nacktem Oberkörper fotografieren. Ein böser Fauxpas in der Weimarer Republik und eine schwere Verletzung der Würde des Amtes. Das Bild erschien in der »Berliner Illustrirten Zeitung« am Tag von Eberts Vereidigung im Jahr 1919. Die Angelegenheit führte zu einer riesigen Verleumdungskampagne, die Ebert bis zu seinem Tod nachhing.

SCHARBEUTZ

Quirliges Seebad mit tollem Hinterland

Der deutlich größere Ort gibt sich modern und lebhaft und bezeichnet sich selbst als »Strandmekka« der Region. Durch sein abwechslungsreiches Sportangebot zieht es viele Jugendliche an den Sandstrand, auf 6,5 Kilometer Länge und 30–40 Meter Breite. Er ist in mehrere Abschnitte eingeteilt: Fitness-Parcours, Volleyballfelder, Grillstrand mit großem Schwenkgrill und ein Bereich mit Spielgeräten.

Die Attraktionen locken bei jedem Wetter: das Erlebnisbad **Ostsee Therme** und der **Waldhochseilgarten** im Kammerwald mit einem Parcours bis in 15,50 Meter Höhe sowie das **Tauchsportzentrum**, das auch Schnupperkurse in Pool und Ostsee anbietet. Der **Tauchplatz Steinfeld** lässt die Abfolge typischer Ostsee-Lebensräume erkennen: offener Sandboden mit Flundern, Sandgarnelen und Sandgrundeln geht nach etwa 200 Metern in Seegraswiesen über. Hier lassen sich Seestichlinge, Grasnadeln und Meerasseln beobachten. In einer Wassertiefe von acht bis neun Metern ist das Steinfeld erreicht, in dem sich der seltene Seehase aufhält. Es ist auch das Revier von Strandkrabben, Klippenbarschen und Aalen, und immer wieder treiben Ohrenquallen sowie Gelbe Haarquallen vorbei.

Tagsüber flaniert und isst man auf der hübschen, geschwungenen **Promenade** oder in der Beach Lounge, abends trifft man sich an der **Seebrücke**. Ein besonderes Erlebnis wird von der Tourist-Information in den Monaten Juni und Juli angeboten. Man hat die Möglichkeit in einem gro-

ßen **Schlafstrandkorb** unter freiem Sternenhimmel zu übernachten, inklusive Meeresrauschen. Es startet mit einem Sundowner zum Sonnenuntergang und endet am nächsten Tag mit einem leckeren

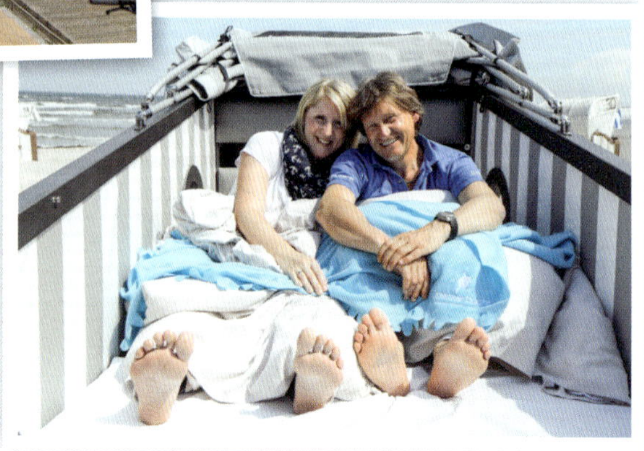

Frühstück. Auch in den Monaten Dezember bis Februar gibt es keinen Winterblues. Auf dem Seebrückenvorplatz wird eine große **Eisbahn** installiert, die am Wochenende Varietés und Feuershows auf dem Eis präsentiert.

RUHEINSEL HINTER DEM DEICH

Erholsames Grün findet man in unmittelbarer Strandnähe in Höhe Seebrücke. Der kleine **Kurpark** lädt mit Sitzgelegenheiten unter Bäumen oder auf der Wiese rund um den kleinen Teich ein. Ein Fitnessparcours bietet Bewegung für die Großen, wie ein großer Spielplatz für die Kleinen oder eine Minigolfanlage. Der ökologische Lehrpfad erklärt die Wunder der Natur.

WIE ALLES BEGANN

Im einstigen Dorf der Wenden (Scorbuze) gab es schon 1830 einen Badebetrieb. 1847 erhielt der Hufner und Bauernvogt Johann Hinrich Bartels die Konzession zur Errichtung eines Wannenbades. In einer Fischräucherei eröffnete man das erste Badehaus und transportierte das Wasser in Fässern heran. 1923 wurde Scharbeutz an das Eisenbahnnetz angeschlossen, 15 Jahre später der Kurpark angelegt, und nach dem Krieg begann der Aufbau von Fremdenzimmern und kleinen Pensionen. In den 1970er-Jahren eröffnete das erste Meerwasser-Wellenbad an der Lübecker

Bucht. So illustre Gäste wie der Großherzog von Oldenburg und später auch Albert Einstein verbrachten manchen Sommer in Scharbeutz.

DER OSTSEE GANZ NAH, AUF 430 KILOMETERN

Ein besonderes Erlebnis ist eine Tour auf dem **Ostseeküsten-Radweg** (blaues Logo), der von Flensburg nach Lübeck-Travemünde fast stets mit Meerblick einfach und familienfreundlich zu befahren ist. Es geht an Promenaden entlang, durch Wälder und an Wiesen vorbei. Die einzelnen Etappen lassen sich auf GPS-Geräte oder Handys herunterladen. Das Angebot an Fahrrad-Verleihstationen ist groß, die inzwischen auch alle E-Bikes zur Verfügung stellen. Die nötigen Ladestationen gibt es ebenfalls überall. Die Touristikbüros geben Auskunft über die unterschiedlichsten Übernachtungsmöglichkeiten sowie die Rastplätze und Schutzhütten an der Strecke.

AUSFLÜGE

Scharbeutzer Heide und Pönitzer Seenplatte

Im Hinterland von Scharbeutz lässt sich der kleine Küstenwald mit moorigen Bereichen, urigem Wildwuchs und einem Hünengrab wunderbar durchstreifen, bis an die **Pönitzer Seenplatte** mit dem Kleinen und Großen Pönitzer See sowie dem Taschensee. Der Große Pönitzer See lädt in zwei Badeanstalten zum Schwimmen im Süßwasser ein: den Badesteg am Haus des Kurgastes oder die Badeanstalt Klingberg am See mit dem Café Klingberg und einer DLRG-Station.

Seestraße 95, Ende März–Ende Oktober täglich 14–18 Uhr, Winter sonntags 14–18 Uhr

An einigen Stellen auf allen drei Seen ist Angeln und Surfen erlaubt. Wunderschön ist im Winter dort das Eissurfen anzuschauen. Das Restaurant »Landhaus am See« in Pönitz lädt nach einem leckeren Fischessen oder selbstgemachten Torten zum Spaziergang am Ufer des Großen Pönitzer Sees ein. Montags Ruhetag

Museum für Regionalgeschichte

Das Museum im Zentrum von Pönitz widmet sich der regionalen Geologie und den geschichtlichen Funden von Scharbeutz und Umgebung: Man erfährt viel über die Entstehung von den Gletschern der Eiszeit über die erste Besiedlung bis zum Mittelalter sowie über die Entwicklung der Seebäder. Auf unterhaltsame Weise werden die verschiedenen Themen aufgegriffen und anschaulich gezeigt, etwa der Kolonialwarenladen, eine Schulklasse aus alter Zeit, Maschinen und Werkzeuge sowie die Ergebnisse der Unterwasserarchäologie. Immer wieder finden kleine Mittelaltermärkte auf dem Gelände statt.

TIMMENDORFER STRAND

Sehen und gesehen werden

1865 kam der erste Kurgast, 20 Jahre später öffnete das erste Hotel seine Tür. Heute gilt der Badeort als das Nizza an der Cote d'Azur der Ostsee: mondän und bunt. Vor allem an Wochenenden trifft sich hier der Jetset zu einem kurzen Ostseetrip – Hamburg ist nicht weit! Der weiße Sandstrand zum Relaxen und sich Auspowern sowie ein Spaziergang unter Bäumen auf der hübschen, abwechslungsreichen Promenade laden ein. Gleich zwei Seebrücken locken auf das Ostseewasser mit Blick auf die weite Lübecker Bucht. Kurze oder längere Erfrischungsstopps bieten etwa das Milchhäuschen, das Café Wolkenlos, das auf der Seeschlösschenbrücke mitten ins Meer gebaut ist oder die Beach-Lounge, neben deren Zugang die Skulptur von Udo Lindenberg steht. Lindenberg ist regelmäßiger Besucher des berühmten Badeortes und soll dort sein Lied »Horizont« getextet haben. In der Fußgängerzone finden sich neben alten Villen, Restaurants und Cafés schicke Boutiquen bekannter Designer und Juweliere. Man sieht und wird gesehen, etwa im Café Wichtig am Timmendorfer

Platz und überquert dabei den markierten 54. nördlichen Breitengrad, der mitten durch die Fußgängerzone verläuft. Am Strand gibt es in der Hauptsaison kein freies Plätzchen zwischen

den Strandkörben. Neben großen Sport- und Spiel-Veranstaltungen finden hier die beliebten Open-Air-Konzerte statt, die vor allem am Abend den ganzen Strand in bunten Farben leuchten lassen.

GEGENSÄTZE, DIE SICH ERGÄNZEN

Ungewöhnlich viel Grün bieten die beiden Kurparks, sodass der Ort einst mit dem Slogan »Das Bad im Grünen« um Gäste warb. Der **Alte Kurpark** wurde 1930 von dem Gartenarchitekten Harry Maasz angelegt. Er bietet einen Ort der Ruhe etwas abseits des trubeligen Strandlebens. Drei Teiche, verbunden mit filigranen Brücken und eingerahmt von Grünflächen und hohen Bäumen, bilden den Mittelpunkt und sind gleichzeitig Lebensraum für Seerosen und Wasservögel. Geist und Geschicklichkeit werden von der Minigolfanlage und dem großen Schachbrett herausgefordert.
Im Gegensatz dazu liegt der ehemalige Rosengarten und heutige **Neue Kurpark** mitten im Zentrum zwischen Strand und Kurpromenade und ist gleichzeitig beliebte Flaniermeile für die Besucher. Ein Blickpunkt und zugleich angesagter Treffpunkt ist der Seepferdchen-Brunnen.

Hauptanziehungspunkt ist die **Trinkhalle** aus den 1950er-Jahren. Sie bietet Platz für eine Galerie, und in der Rotunde finden Konzerten, Aufführungen und Lesungen statt. Eingerahmt werden die Darbietungen von hohen Bäumen, Brunnenanlagen und Rasenflächen. Entspannter kann man sich kaum der Kultur widmen.

GROSSE HAIE – KLEINE FISCHE

Nicht nur Kinder zieht es in die Welt der Otter und zu den Riesenaquarien im **Sea Life.** Dort tummeln sich die Bewohner der heimischen und tropischen Meere in atemberaubender Nähe. Im acht Meter langen Plexiglastunnel steht man Haien, Rochen und der großen Meeresschildkröte Aug in Aug gegenüber. Viele Aquarien bieten Vergrößerungsfenster, sodass auch die kleinsten Meeresbewohner beobachtet werden können. In den immer neu zusammengestellten Themenwelten sieht man etwa Oktopusse, die sich in Sekundenschnelle mit ihrer Haut der Umgebung anpassen können und die äußerst lernfähig sind. oder Krebse, zu denen die kleinen Einsiedler-

krebse genauso gehören wie die große Seespinne. In den Berührungsbecken sind ein bisschen Mut und viel Tastsinn gefordert. Hier tummeln sich Tiere der Gezeitenzone, wie Einsiedlerkrebse, Seegurken, Seeanemonen und Seesterne. Faszinierend ist es, die langsamen, sich durch das Becken pumpenden, nahezu durchsichtigen Quallen zu verfolgen. Dabei können sie ihre ganze Schönheit entfalten, ganz im Gegensatz zu den toten Tieren, die man als Gallertmasse am Strand findet. Unglaublich, dass diese wenigen Millimeter bis mehrere Meter großen Nesseltiere bereits vor etwa 500 Millionen Jahren in den Weltozeanen gelebt haben. Auch sieht man die lebenden Nachfahren der versteinerten Seeigel, die man immer noch am Strand unterhalb der Steilküste finden kann.

NIENDORF

Die hübsche Schwester

Das ehemalige Fischerdorf wird oft als der ruhigere und familiärere Teil der Gemeinde Timmendorfer Strand bezeichnet. Er ist jedoch ein eigenständiger maritimer Ort, in dem Fischfang immer noch eine Rolle spielt. Inzwischen hat er sich zu einem beliebten, schicken Ostseebad gemausert, das durch seine Authentizität und Gemütlichkeit anspricht.
Die Niendorfer gehörten im 14. Jh. zum Lübecker Domkapitel als Besitz des Heiligen-Geist-Hospitals. Die Bauern lebten gut, beackerten das Land, durften jedoch keinen Fischfang betreiben. Die Fischfangrechte lagen bei den Fischern von Gothmund, Schlutup und Travemünde. Erst zu Beginn des 19. Jhs. wurde ihnen nach einem Vergleich gestattet, den Fischfang begrenzt zu betreiben.

MITTELPUNKT UND KERNSTÜCK

Für einen natürlichen **Hafen** waren die Voraussetzungen ideal: Der Hafen entstand an der Einmündung der Aalbeek ins Meer. Das erkannte schon Napoleon. Aber es dauerte über 100 Jahre, bis die ersten Niendorfer Fischerboote den eigenen Hafen verlassen konnten. Inzwischen gehört der Direktverkauf am kleinen Hafen zum alltäglichen Bild, genauso wie die bunt gestrichenen Kutter, Ausflugsboote zu den Nachbarhäfen und die Stände am Kai mit Fisch und Fischbrötchen. Direkt auf die Hand schmecken sie das ganze Jahr über. Es ist der jüngste und auch der »hei-

NIE 4

meligste« Hafen der Bucht, und es herrscht ebenso rege Betriebsamkeit wie im benachbarten Yachthafen. Er ist Ort für regelmäßige Veranstaltungen, wie die Niendorfer Hafentage und Fischers Wiehnacht. Dann wird es eng im kleinen Hafen.

FISCHKOPF-SEEBRÜCKE

Mitte des 19. Jhs. begann der Badebetrieb mit dem Logierhaus. Der feine, flach ins Meer abfallende Badestrand schließt sich beidseits des Hafens an. Dort geht es etwas weniger gedrängt zu als an dem Hauptstrand des Nachbarortes. Die hübsche Promenade lädt zum Flanieren und Schlendern ein, Cafés und Restaurants haben Stühle und Tische mit Blick aufs Meer gestellt.

Ein Gang auf die originell gestaltete Seebrücke verführt zum Schauen, Träumen, Innehalten, hinaus aufs Wasser gehen und den Horizont erweitern. 185 Meter weit ragt sie aufs Meer hinaus. Auf mindestens 3,50 Meter Breite gibt es ein ungewöhnliches Kinderspielgerät, einen interessanten und kurzweiligen Informationsbereich und zahlreiche Drehliegen, Sitze und Anlehnstellen. Der fischartige Brückenkopf wird auch als Freilichttheater genutzt. Ein hydraulischer Badeeinstieg kann direkt ins Wasser abgesenkt werden.

VOGELPARK NIENDORF

Gleich hinter dem Ort beginnt die **Aalbeek-Niederung**, ein Naturschutzgebiet mit seltener Ursprünglichkeit. Dort, im Wiesen- und Bruchgelände einer natürlichen Schilflandschaft, ist der Vogelpark angelegt und in die Natur eingepasst. Wenige Meter von der Ostsee entfernt leben 250 verschiedenen Vogelarten, darunter Pelikane, Flamingos, Papageien, Greifvögel, unterschiedliche Störche, Kraniche und Enten. Ungewöhnlich sind die intensiv blaue Fächertaube, der stolze Kasuar, der auffallende Doppelhornvogel und der riesige Andenkondor. Am faszinierendsten ist jedoch eine der weltgrößten Sammlungen in der Welt an unterschiedlichen Eulenarten. Dazu gehören Uhus, Eulen und Käuze: u. a. der Kanada-Uhu mit den besonders großen Ohrbüscheln, der Malaien-Fischuhu, der auf Fische Jagd macht, der Sibirische Uhu mit den großen bernsteinfarbenen Augen, der Perlkauz, der aussieht, als wäre er mit Schneeflocken bestäubt, der Bartkauz mit den relativ kleinen, gelben Augen im großen Kopf, die Kanincheneule mit den langen Beinen, die Zwergohreule, deren Gefieder mit dem Birkenmuster sich wunderbar ihrer Umgebung anpasst, oder etwa die Amerikanische Schleiereule mit dem typisch herzförmigen Gesichtsschleier. Cafés, ein Spielbereich und die Flamingo-Scheune mit Geschenkartikeln runden das Angebot ab.

HEMMELSDORFER SEE

Auch dieser etwa 460 Hektar große See verdankt seine Entstehung selbstverständlich der letzten Eiszeit: ein typisches Eiszungenbecken, das sich bei Meeresspiegelanstieg zur Ostseeförde entwickelte. Im Laufe der Jahrtausende wurden immer wieder Strandwälle aufgebaut und so der Zugang zum offenen Meer durch Sedimente weiter verschlossen. Es entstand eine Rinne mit einer Tiefe im Südbecken von 39,5 Meter unter NN, hingegen im nördlichen Becken nur von etwa vier Metern, da hier die Sedimentablagerungen vom Brodtener Steilufer angehäuft wurden. Mit der enormen Tiefe des Südbeckens gehört der Hemmelsdorfer See zu den tiefsten Festlandspunkten in Deutschland. Napoleon soll befohlen haben, den Zugang wieder zu öffnen, aber die politischen Ereignisse überrollten den Wunsch (Kieler Frieden, 14. Januar 1814). Hemmelsdorf behielt seinen See, auf dem ausschließlich Fischerboote kreuzen.
Der einzige Abfluss des Sees ist die Aalbek. An der Ostsee bei Niendorf muss ein Wehr verhindern, dass das Salzwasser in den See gelangt. Bei der großen Sturmflut von 1872 drang einst Salzwasser hinein, das sich am Grund absetzte. Es dauerte

60 Jahre bis der Hemmelsdorfer See diesen Salzgehalt ausgleichen konnte. Ein knapp 22 Kilometer langer Rad- und Wanderweg führt einmal rundherum, durch nahezu unberührte Natur. Einen ersten Halt fordert der Aussichtsturm »Hermann-Löns-Blick« von dem aus man die Wasserfläche und die Niederung wunderbar betrachten kann. Der Heidedichter soll hier oft gesessen und Ruhe und Aussicht genossen haben. Weitere Pausen befriedigen das leibliche Wohl, wie der **Fischereihof Hemmelsdorf** mit Restaurant, Eiscafé, Fischkate und Räucherei (er wird neu verpachtet) oder **Karls Erdbeerhof**, ein Erlebnishof mit Tieren, Früchten, Spiel und Spaß in Warnsdorf.
Täglich 8 – 19 Uhr, Eintritt überwiegend frei, www.karls.de

BRODTENER STEILUFER – DIE OSTSEE VON OBEN

Eine der wenigen noch unbebauten Küstenabschnitte der Lübecker Bucht steht heute unter Landschaftsschutz. Zusammen mit dem Dorf Brodten gehört er zum Brodtener Winkel. In diesem aktiven Kliffbereich dürfen weder Steine noch Sand vom Strand mitgenommen werden, denn die Küstenlinie kann bis 1,2 Meter pro Jahr zurückweichen. Durch Regen, Sickerwasser, Frost und die Brandung der Ostsee kommt es vor allem im Herbst und Winter zu Rutschungen und teils großflächigen Abbrüchen. Viele abgestürzte Bäume liegen dann am Strand, die zum Klettern anregen. Das Kliff selbst besteht aus Geschiebemergel, der das Absatzsediment des Gletschers ist und als sogenannte Grundmoräne abgelagert wird. Die eingebetteten Geschiebe sind oft mit ihrer Längsseite zur Eisbewegung angeordnet, sodass man die Richtung des Gletschervorstoßes erkennen kann. Die Abbrüche halten diesen Küstenabschnitte aber auch »lebendig« und zeigen immer wieder neue, interessante Steilhänge in frischen Farben und Schichtungen. Der südliche Kliffbereich ist dagegen fast zur Ruhe gekommen, er gilt inzwischen als passives Kliff mit einer dichten Vegetation. Das Brodtener Ufer ist ein interessanter Geschiebefundplatz. Allerdings nur bei ablandigem Wind, ansonsten schlagen die Wellen gegen das Kliff. Der Naturstrand ist kurtaxefrei und lädt zu ausgedehnten Spaziergängen und zum Forschen ein.

Von Travemünde bis Niendorf führt ein etwa vier Kilometer langer Wanderweg oben am Brodtener Steilufer entlang. Startpunkt ist die Strandpromenade in Travemünde, vorbei an der Segelschule Möwenstein (Parkplatz) geht es in den Höhenwanderweg. Stets die Ostsee im Blick spaziert man durch Waldabschnitte und vorbei an einem gepflegten Golfplatz. Kunstvoll geschmiedete Bänke in Tierform laden zum Verweilen ein. Nach ungefähr 2,5 Kilometer ist die **Hermannshöhe** erreicht. Von der großen Terrasse des Cafés Hermannshöhe eröffnet sich eine nahezu ungehinderte Sicht auf das Meer. Abgelenkt wird man nur von den Flugkünsten der wendigen **Uferschwalben**. In einer der bedeutendsten Kolonien Mitteleuropas siedeln hier rund 500 Brutpaare. Im Herbst wird die Flachwasserzone in Ufernähe zum Rast- und Überwinterungsgebiet zahlreicher Wasservögel: Haubentaucher, Eider-, Berg- oder Reiherenten, Säger und Kormorane – ein Highlight für Hobby-Ornithologen. Auf dem weiteren Weg fällt im tiefen Kerbtal des Teutendorf-Brodtener Baches nördlich von Brodten das bizarre Geflecht von freigespülten Baumwurzeln auf. Es wirkt wie ein von Hand gefertigtes Kunstwerk. Auf dem Weg bietet sich immer wieder die Möglichkeit, auf Treppen ans Wasser hinunterzusteigen.

Das Brodtener Steilufer liegt wie ein Riegel vor der Einmündung der Trave und grenzt Lübeck-Travemünde quasi von der Bucht ab.

DAS TOR NACH NORDEN

Zur Sommerfrische nach Travemünde kam alles, was Rang und Namen hatte. In vielen literarischen Werken finden sich begeisterte Schilderungen des bekannten Seebades vor den Toren Lübecks. So beschrieb auch die Lübecker Schriftstellerin Ida Boy-Ed zur Zeit der Jahrhundertwende die fantastische Kulisse an der Trave-Mündung: *»Der Wind, …, trieb die klar flutenden Wogen vom Meer gewaltig in die Bucht, die, da vom holsteinischen, dort vom mecklenburgischen Strand umfasst, nur geradeaus eine uferlose Linie am Horizont zeigte.«* Ein Horizont der den Weg zu den Städten im Norden und Nordosten der Ostsee weist.

MARITIM
GER
66

TRAVEMÜNDE

»Lübecks schönste Tochter«

Travemünde wird oft als Badewanne der Lübecker bezeichnet. Das wird dem traditionsreichen Ostseebad mit der klassischen Bäderarchitektur, das schon Thomas Mann begeisterte und das sich gerade neu erfindet, natürlich nicht gerecht. Ohne Zweifel zieht zunächst der lange und bis 100 Meter breite Strand in seinen Bann. Von einem der Strandkörbe aus lassen sich bequem kleine und große Segelboote sowie einige Riesenpötte beobachten, die im Fährhafen von Travemünde anlanden. Bis 2018/19 sollen beide Promenaden, an der Stadtseite und auf dem Priwall, endgültig fertig sein. Dann ist der ganze Promenadenrundgang über beide Teile der Stadt begehbar, verbunden durch zwei Fähren, was heute schon in großen Teilen gelingt. Beginnen kann man am Fischereihafen, an dem es Fischbrötchen auf die Hand gibt und man den Fischern beim Ein- und Auslaufen zusehen kann. Es gibt die unterschiedlichsten Sitz- und Ruhemöglichkeiten, schmiedeeiserne Geländer mit den markanten Leuchten von 1899 und genug Platz zum »Schaulaufen«.

ALTE VOGTEI – EINZIGARTIGE DECKENMALEREI

Zu Beginn der Flaniermeile **Vorderreihe** mit vielen Geschäften, Restaurants und Cafés liegt die Alte Vogtei (Nr. 7). Einem Vor-

gängerbau aus dem 14. Jh. folgte der inzwischen auch schon über 460 Jahre alte Bau mit dem markanten Stufengiebel und der wunderschön verzierten Rokokotür. Im 20. Jh. bis zum Jahr 2002 war hier die Travemünder Polizeiwache untergebracht. Nach dem Verkauf in private Hände entdeckte man bei der Restaurierung die zwölfteilige Renaissance-Kassettendecke mit einmaligen Malereien. Es kamen u. a. Porträts römischer Kaiser und hoher Politiker aus dieser Zeit sowie das lübeckische Wappen mit dem Doppeladler zum Vorschein. Heute befinden sich in dem historischen Gebäude das Café-Restaurant »Fisch & Meer«, eine Weinstube und das Lübecker Teekontor.

ALTER SCHÜTZT VOR TORHEIT NICHT

Eines der Wahrzeichen von Travemünde und ein wirkliches Schätzchen ist der **Alte Leuchtturm**. Das älteste erhaltene Seezeichen an der Küste beherbergt heute ein sehenswertes maritimes Museum. Nach 142 Stufen, vorbei an Seelaternen, Schiffsmodellen und dem winzigen Lotsenraum, genießt man den Rundumblick von der Aussichtsgalerie. 1539 errichteten holländische Maurer den Turm vollständig aus Backsteinen; sogar die Laterne ist gemauert und nur seeseitig für das Leitfeuer offen gelassen. Im Laufe der Jahrhunderte haben dort alle gebräuchlichen Leuchteinrichtungen gestanden: offene Holz- und Kohlefeuer, Rüböl- oder Hanföllampen

vor vergoldeten Spiegeln, Petroleumlampen und elektrische Bogenlampen bis hin zu Parabol-Zylinder-Spiegeln zur Lichtbündelung. Der Leuchtturm könnte viele Geschichten aus seinem bald 480 Jahre langem Dasein erzählen: Von den Maurern, die ihn ohne Gerüst hochgezogen haben, von dem Feuer im Jahr 1827, bei dem seine barocke Kuppel abbrannte, von den Lotsen, die auf einem fest montierten Stuhl am Lotsenausguck saßen, vom Schriftsteller Thomas Mann, der seinen Roman »Buddenbrooks« auch am *»runden, gelben Leuchtturm«* spielen ließ, von der schweren Sturmflut von 1872, deren Hochwassermarke am Turm außen angebracht ist, oder von dem übergroßen Nachfolger, der ihm die Sicht und damit die Arbeitsgrundlage nahm. Vielleicht tauscht er sich auch ab und zu mit der Viermastbark Passat aus, die schräg gegenüber am Priwallufer für immer festgemacht hat und immerhin auf schon über 100 Jahre zurückblicken kann. Ein wenig Eitelkeit ist sicher auch im Spiel, denn die beiden »Alten« trotzen tapfer den Neubauten in ihrem Rücken und stehlen ihnen die Schau.

30. März – 31. Oktober, Di., Do., Sa. und So. 13 – 16 Uhr, Juli und August täglich 11 – 16 Uhr

HALBINSEL PRIWALL

Das Priwallufer wird zeitgemäß »aufgehübscht«, d. h. mit einer neuen Promenade versehen, um den Kreis zum Promenadenrundgang zu schließen (s. o.). Ansonsten ist es immer noch das ungezähmte Gegenüber zum noblen Travemünder Badestrand. Am nördlichen Abschnitt gibt es einen Naturstrand mit Dünen und angrenzendem Wäldchen. Der Sandstrand geht sanft ins Wasser über und ist so ideal zum Planschen geeignet. Im Südwesten schließt sich das Naturschutzgebiet »Südlicher Priwall« an mit einer sogenannten »Feuchtwiese«, in der Laubfrösche, Ringelnattern, Libellen oder auch Fledermäuse beobachtet werden können und das Vogelschutzgebiet mit seinen seltenen Vogelarten liegt.

WARUM IST DIE SCHOLLE PLATT?

In der **Ostseestation Priwall** präsentiert der Meeresbiologe Thorsten Walter Einblicke in die Unterwasserwelt der Ostsee. Qualle, Plattfisch, Petermännchen, Krabben & Co werden anschaulich erklärt und dürfen teilweise sogar angefasst werden.

Halbinsel Priwall

MIT DEM WIND IN DIE WELT

Mit 115 Meter Länge und den vier Masten, die beinahe doppelt so hoch sind wie der Alte Leuchtturm gegenüber, imponiert die **PASSAT** sogar ohne gesetzte Segel. Welchen Anblick musste sie da erst unter vollen Segeln geboten haben. Die Viermastbark war von 1911 bis 1951 ein reines Segelschiff und gehörte zu den legendären Flying P-Linern der Hamburger Reederei Ferdinand Laeisz. Den

Namen verdanken sie der Ehefrau von Carl Laeisz, die wegen ihrer Locken auch »Pudel« genannt wurde. So hieß die erste Bark, danach bekamen alle weiteren Schiffe einen Namen mit dem Anfangsbuchstaben »P«. Erst kurz vor der letzten Fahrt im Jahr 1957 erhielt die PASSAT einen Motor. Das Wahrzeichen von Travemünde wurde zwei Jahre später vor dem Abwracken gerettet und liegt heute als Museumsschiff vor Anker. Man kann sie wunderbar durchstöbern oder sogar auf ihr übernachten.

Dummersdorfer Ufer

AUSFLÜGE

Dummersdorfer Ufer – Eine Oase der Ruhe

Im Nordosten von Lübeck liegt das rund 340 Hektar große Naturschutzgebiet. Am Ufer der Untertrave sind die unterschiedlichsten Biotope seltener, wärmeliebender Pflanzen- und Tierarten erhalten. Das angrenzende Landschaftsschutzgebiet mit einer typischen Knicklandschaft wirkt dabei als Pufferzone zur Zivilisation. Verschiedene Spazierwege, zwischen fünf und sieben Kilometer Länge, führen zum Hirtenberg und dem Stülper Huk bzw. zum Nördlichen oder Südlichen Steilufer. Man durchquert Trockenrasen und Feuchtwiesen, zu deren Pflege Heidschnucken gehalten werden, oder auch den anschließenden Niederwald. Die einstigen Entnahmestellen von Sand und Kies, die als Ballast für die Schiffe dienten, erkennt man noch heute an den tiefen Böschungseinschnitten.

Resebergweg 11, www.dummersdorfer-ufer.de

Gothmund

Das anmutige Fischerdorf versteckt sich hinter Reet am Rande der Schellbruchwiesen. Geschützt durch einen Schilfgürtel liegen die Fischerboote auf der Untertrave,

GOT1

vom Fluss nicht direkt einsehbar. Gothmund ist nahezu autofrei, man parkt oberhalb des Ortes und geht zu Fuß in den Fischerweg, der zum Ufer führt. Ganz nah am Industriegebiet ist man hier plötzlich umgeben von Bauerngärten, Fischkuttern und aufgespannten Netzen. Die Luft riecht nach Räucherfisch. Heute leben in den schmucken, teils reetgedeckten Fachwerkhäuschen etwa 80 Bewohner, von denen einige als aktive Fischer in ihren Booten zum Fischfang auslaufen. Es mutet beinahe wie ein kleines Freilichtmuseum an. Zunächst gab es auf dem Areal nur eine einfache Kate, die als Schutzhütte für die Fischer auf ihrem Weg von der Lübecker

Bucht nach Lübeck errichtet wurde. Im Laufe der Zeit wurden 18 feste Häuser errichtet. Bereits 1585 erhielten die Fischer dann eigene Rechte zum Fischen auf der Trave. Die Gothmunder Fischer waren so bekannt, dass sie sogar auf dem Notgeld von 1921 verewigt wurden.

Am Ufer führt ein Wanderweg, zunächst an der Untertrave, entlang auf dem ehemaligen Treidelstieg (Treideln = Ziehen der Schiffe von Land aus) bis in das 1,5 km² große **Naturschutzgebiet Schellbruch**. Die Wege führen durch Lagunen, Süßwasserteiche, Bäche, Wassergräben, temporär überschwemmte Wiesen, Bruch- und Laubwälder, Waldtümpel und Schilfflächen: ein Vogelparadies mit über 200 Vogelarten, von denen fast die Hälfte dort schon gebrütet haben. Schautafeln informieren über Tiere und Pflanzen. Die Aussichtsplattform »Lagunenblick« bietet eine gute Sicht auf das Geschehen im Naturschutzgebiet. Die einstigen Bruchwälder wurden im Laufe der Jahrzehnte vermehrt als Weideland genutzt. Nach dem Rückgang der Landwirtschaft konnte sich das Schilf zur größten zusammenhängenden Schilffläche Lübecks ansiedeln, und das Areal wurde 1981 zum Naturschutzgebiet erklärt. Man sieht ungewöhnliche Hängenester der Beutelmeisen und begegnet Graugänsen, Höckerschwänen, Teichrallen, Rohrweihen, Rohrdommeln und Rohrammern sowie Braunkehlchen, Meisen und Grasmücken. Am Himmel ziehen die Fischadler ihre Kreise.

AUSFLUG IN DIE HANSESTADT LÜBECK

Ein Lübeck-Besuch ist ein Muss. Nicht umsonst hat die UNESCO nahezu die komplette Altstadt 1987 zum Welterbe ernannt. Das historische Zentrum der inzwischen 875 Jahre alten Stadt lässt sich leicht zu Fuß zu erkunden. Dabei gibt es keine vorgeschriebenen Wege, denn die Sehenswürdigkeiten liegen dicht beieinander, und in allen Gassen gibt es etwas zu entdecken. Die roten Backsteinfassaden vermitteln eine harmonische Atmosphäre, in der man sich gleich zu Hause fühlt. Hier sollen nur einige wenige Highlights herausgegriffen werden, denn eine vollständige Beschreibung der berühmten Hansestadt füllt ein eigenes Buch.

DAS WAHRZEICHEN

Das bilderbuchschöne **Holstentor** aus dem 15. Jh. mit den beiden zueinander geneigten Türmen ist das unangefochtene Erkennungszeichen der Stadt. Vom Bahnhof kommt man über die **Puppenbrücke**, die ihren Namen nach den Sandsteinskulpturen auf dem Geländer erhielt, direkt auf das Tor zu. Heute wirkt es äußerst einladend als Zugang in den Stadtkern. Einstmals sollte es ungebetene Gäste abschrecken und die Wehrhaftigkeit der Stadt bezeugen. Das Museum im Innern erzählt über die lange Stadtgeschichte und die Macht der Hanse.

April – Dezember täglich 10 – 18 Uhr, Januar – März Di. – So. 11 – 17 Uhr, www.holstentor.info

Figur auf der Puppenbrücke, im Hintergrund die St.-Petri-Kirche

EIN ERSTER ÜBERBLICK

Vom Turm der **St.-Petri-Kirche** aus eröffnet sich ein fantastisches Panorama auf die Lübecker Altstadt. Man sieht den Markplatz mit Rathaus und Marienkirche (s. u.) und blickt in die Straße **Große Petersgrube**, in der Lübecks Architekturgeschichte wie an einer Schautafel abzulesen ist. Die Kirche selbst stammt aus dem 13. Jh., ist jedoch leider fast völlig zerstört worden. Die Ausstattung wird im sehenswerten **St.-Annen-Museum** aufbewahrt und teils ausgestellt. St. Petri wird heute für Veranstaltungen und Ausstellungen genutzt.

St.-Annen-Quartier mit **St.-Annen-Museum** und **Kunsthalle St. Annen**

Di.–So. 10–17, Januar–März ab 11 Uhr

St. Annenstraße 15, www.st-annen-museum.de, www.kunsthalle-st-annen.de

Die Türme von St. Marien und die Rathausfassade

RUND UM DEN MARKTPLATZ

Der Markt wird bis heute als Handelsplatz und beliebter Treffpunkt genutzt. Nach Nordosten trennt das verwinkelte Rathaus den Platz zur Breiten Straße mit dem berühmten **Café Niederegger** und seinem Marzipan-Museum ab. Das **Rathaus** präsentiert sich fast wie ein Märchenschloss, in dem sich der Rat in Szene setzen konnte. Viele ideenreiche Baumeister verewigten sich am Gebäude und den Fassaden, sodass ein wunderbarer Stilmix entstand, der im Detail immer wieder Neues entdecken lässt. Wenn die Zeit es zulässt, sollte man sich einer Führung durch das Innere anschließen. Man erfährt neben ungewöhnlichen Geschichten rund um den Lübecker Rat auch etwas über die Lage des großen Hansesaales, in dem die berühmten Hansetage stattfanden.

Mo.–Fr. 11, 12 und 15 Uhr, Sa./So. 13.30 Uhr

Die alte Rats- und Marktkirche **St. Marien** ist der Prototyp der norddeutschen Backsteingotik. Mit den zwei mächtigen Doppeltürmen, die eigentlich nur einem Dom zustehen, wollten die stolzen und freien Bürger Lübecks ein Zeichen gegenüber dem Bischofssitz setzen. Gern erzählte Sagen ranken sich um die beeindruckende Kirche, wie die über das »Steinerne Männlein«, den kleinen »Teufel« vor der Tür oder den »Rosenbaum mit Maus«. Im Innern zieht der fein geschnitzte Antwerpener Marienaltar die Blicke auf sich, ebenso die riesige astronomische Uhr, das Bronzetaufbecken sowie das höchste Backsteingewölbe der Welt, dessen Konstruktion durch filigrane Malereien hervorgehoben wird. Täglich 10 – 18 Uhr, Oktober bis 17 Uhr, im Winter bis 16 Uhr, 2 €

AM KOBERG

Die Ostseite des Platzes nimmt eine der ältesten Sozialeinrichtungen Europas ein, das **Heiligen-Geist-Hospital**. Ende des 13. Jhs. wurde es von wohlhabenden Bürgern als Hospital eingerichtet. Die meisten Räume sowie Hof und Garten sind heute von einem Altenheim belegt. Die Hallenkirche und Teile des 87 Meter messenden langen Hauses dürfen besichtigt werden. Einst standen dort die Betten für die Bedürftigen neben ei-

Gang bei der Aegidienstraße

nander, bis um 1820 hölzerne Buden (Kabäuschen) eingebaut wurden. So hatte jeder Bewohner einen winzigen, abgetrennten Bereich mit Bett, Stuhl und Tisch für sich alleine. Noch bis 1970 waren diese Schlafkammern bewohnt. In der Weihnachtszeit findet hier der berühmte **Kunsthandwerker-Weihnachtsmarkt** statt.

Sommerzeit Di.–So. 10–17 Uhr, Winterzeit Di.–So. 10–16 Uhr

Schräg gegenüber zweigt die Straße Engelsgrube ab, die bis an die Untertrave reicht. Sie ist eine der gängereichsten Straßen der Stadt. Solche bebauten **Gänge** sind einmalig in Deutschland. Auf den ehemaligen Freiflächen, die sich hinter einer Häuserreihe verbargen, wurden um 1400 kleinste Häuschen gesetzt, um dem

Zuwachs der Bevölkerung Herr zu werden. Was einst aus der Not geboren wurde, hat sich heute zu einem der beliebtesten Wohnviertel entwickelt. Die Zugänge zu den Häusern sind oft so niedrig, dass man den Kopf einziehen muss. Hinter dem schmalen Zugang betritt man eine ganz andere Welt: ruhig, oft idyllisch und auf jeden Fall einmalig.

KÖNIGIN DER HANSE

Auf dem Gelände des Burgklosters, des ehemals größten mittelalterlichen Klosters in Norddeutschland,

bereichert seit 2015 das **Europäische Hansemuseum** die Museumslandschaft der Stadt. Es vermittelt einen spannenden Einblick in den faszinierenden Aufstieg und den Niedergang des ersten, rund 800 Jahre währenden Kaufmannimperiums und größten Handelsnetzwerks in Europa. Mit einem personalisierten Ticket erlebt man Lübeck als Mittelpunkt und Königin der Hanse sowie die Auswirkungen, die bis in die heutige Zeit reichen. Von der öffentlichen Dachterrasse hat man einen tollen Blick auf die Trave und das Burgtorgelände.

Täglich 10 – 18 Uhr, www.hansemuseum.eu

DOMVIERTEL

Durch »das Fegefeuer« (Straße) gelangt der Besucher ins Paradies, d. h. in die Vorhalle des Doms, die seit dem 13. Jh. dem Hauptportal vorgesetzt ist. Dort wurde u. a. Asyl gewährt, denn dort endete die Gerichtsbarkeit der Stadt. Den Grundstein für den **Lübecker Dom** legte bereits Heinrich der Löwe im 12. Jh., knapp 100 Jahre später wurde die erste Kirche zum dreischiffigen Dom erweitert. Weitere

Um- und Anbauten folgten bis zur Mitte des 18. Jhs. Den schlimmsten Schlag erhielt das imposante Gebäude 1942, als das Gotteshaus infolge eines Bombenangriffs zu großen Teilen ausbrannte. 40 Jahre musste die Kirche auf ihren endgültigen Wiederaufbau warten. Heute kann man die Kunstwerke der Ausstattung aus dem 14. bis 17. Jh. wieder an Ort und Stelle bewundern. Bemerkenswert sind u. a. zwei Werke des Künstlers Bernt Notke aus dem 15. Jh.: das 17 Meter hohe Triumphkreuz sowie der Lettner mit der Sonnenuhr.

Täglich 10 – 18 Uhr, im Winter 10 – 16 Uhr, Mühlendamm 2

Die Uferpromenade an der Obertrave mit der St.-Marien-Kirche (li.) und der St.-Petri-Kirche (re.)

Vom Dom sollte man einen Abstecher an die **Uferpromenade der Obertrave** machen. Dort lässt sich wunderbar eine Pause einlegen. Man sitzt entweder noch etwas abgeschieden auf den Bänken im oberen Bereich oder in einem der zahlreichen Restaurants, die sich bis zur Holstenbrücke aneinanderreihen.

STADT DER NOBELPREISTRÄGER

Drei große Lübecker Persönlichkeiten, nämlich Thomas Mann (Nobelpreis für Literatur 1929), Willy Brandt (Friedensnobelpreis 1971) und Günter Grass (Nobelpreis für Literatur 1999) ehrt Lübeck jeweils mit einem eigenen Museum.

Das **Buddenbrookhaus** überrascht mit einem ungewöhnlichen Konzept. Mit dem Roman »Buddenbrooks« in den Händen taucht man in den Alltag der fiktiven Kaufmannsfamilie ein und wird Zeuge von deren Aufstieg und Niedergang. Man erfährt

vieles aus dem Leben und den Werken von Thomas Mann und seinem Bruder Heinrich sowie auch über den Schriftsteller Erich Mühsam.
Täglich 10 – 18 Uhr, Januar – März 11 – 17 Uhr, Mengstraße 4, www.buddenbrookhaus.de

Das **Willy-Brandt-Haus** dokumentiert das bewegte Leben des Herbert Ernst Karl Frahm, der im Untergrund gegen die Nationalsozialisten kämpfte, nach Norwegen emigrieren musste und nach seiner Rückkehr schließlich als Willy Brandt eine Politikerkarriere bis zum Bundeskanzler machte.
Täglich 11 – 18 Uhr, Königstr. 21, www.willy-brandt-luebeck.de

Das **Günter-Grass-Haus** stellt den Schriftsteller mit all seinen anderen künstlerischen Facetten dar. Günter Grass begann seine Laufbahn als Grafiker und Bildhauer, in den 1950er-Jahren begann er mit dem Schreiben. Grafiken und Plastiken begleiten seine literarischen Werke. Er ist kein geborener Lübecker, zog aber mit 68 Jahren in die Hansestadt, die er auch als eine Heimat ansah.
Täglich 10 – 17 Uhr, Januar – März ab 11 – 17 Uhr Uhr, Glockengießerstr. 21, www.grass-haus.de

ADRESSEN

OstseeCard
Die Karte kostet den örtlichen Kurabgabebetrag. Damit ist nicht nur die Kurabgabe abgegolten, man hat auch freien Strandzugang in den angeschlossenen Ostseebädern von Glücksburg bis Travemünde. Zusätzlich gibt es viele Ermäßigungen sowie Vergünstigungen bei verschiedenen Partnern. www.ostseecard.de

Meersalzgrotte

DAHME

Kurbetrieb Dahme, Seestraße 50, 23747 Dahme, Tel. 04364-49200, www.dahme.com

StrandSPA
Meerwasserschwimmbad 6,50 € (ohne Ostseecard 11,50 €), Sauna 14 € (ohne Ostseecard 19 €), Meersalzgrotte 11 €
Strandpromenade 38, Tel. 04364-470 99-0, www.strandspa-dahme.de

KELLENHUSEN

Gäste-Service, Strandpromenade, 23746 Kellenhusen, Tel. 04364-497 50, www.kellenhusen.de

GRUBE

Haus des Gastes, Wenddorf 1, 23749 Grube, Tel. 04364-47 15 63, www.gemeinde-grube.de

CISMAR

Kloster, Klosterführung Ostern – Ende Oktober, Mi. und Sa. 17 Uhr, Eintritt: 2 €
Laienschiff in der Saison Di. – So. 10 – 17 Uhr, Tel. 04366-1288

Haus der Natur, Täglich 10 – 19, im Winter bis 17 Uhr, Eintritt: 4 €
Bäderstr. 26, Tel. 04366-12 88, www.hausdernatur.de

Jan Kollwitz. Nach telefonischer Anmeldung täglich zwischen 11 und 17 Uhr
Bäderstr. 23, Tel. 04366-614, www.jankollwitz.de

GRÖMITZ

Tourismus Service Grömitz, Neuer Markt 1, 237433 Ostseebad Grömitz,
Tel. 04562-25 60, www.groemitz.de

Tauchgondel. Während der Seebrückensanierung nur Sa. und So. 10 – 19 Uhr
sonst täglich: November bis März 11 – 16 Uhr, April/Mai und September/Oktober 10 – 19 Uhr
Juni bis August 10 – 19 Uhr, außerhalb der Ferien Mo./Di. Ruhetag, Eintritt: 9 €, Kinder 6 €

Grömitzer Welle. Täglich 7 – 22 Uhr, Eintritt: 3 Stunden 10 € plus Sauna 16 €, Tageskarte 15 € plus Sauna 19 €, Kurpromenade 58, Tel. 04562-25 62 47, www.groemitzer-welle.de

Arche Noah. Täglich 9 – 18 Uhr, März – November bis zum Einbruch der Dunkelheit
Eintritt: 9 €, Kinder bis 14 Jahre 5 €, Mühlenstraße 32, Tel. 04562-56 60, www.zoo-arche-noah.de

Kletterpark Kraxelmaxel. Eintritt: 22 €, Kinder bis 12 Jahre 17 €, Blankwasserweg 120,
Tel. 04562-266 29 40, www.kraxelmaxel.de

Grömenade. Vier Tage lang Mitte Juli wird die Promenade zur Bühne für Artisten, Gaukler, Jongleure und Musiker. Die Künstler werden auf einem Festival-Flyer vorgestellt.

Ostsee in Flammen. Als spektakulärer Abschluss des Grömitzer Lichtersommers findet Ende August ein Höhenfeuerwerk statt, untermalt mit Musik der Extraklasse.

Nicoletta Adams

NEUSTADT

Tourist-Information. Am Markt 1, 23730 Neustadt in Holstein, Tel. 04561-619 56

Tourismus-Service Neustadt-Pelzerhaken-Rettin, Dünenweg 7, 23730 Neustadt-Pelzerhaken, Tel. 04503-77 94-180, www.luebecker-bucht-ostsee.de

Museum zeiTTor. Ostern – Oktober Di. – Sa. 10.30 – 17 Uhr, So. ab 14 – 17 Uhr, Juli und August auch montags 10.30 – 17 Uhr, November – Ostern Sa./So. 14 – 16 Uhr, Eintritt: 3,50 € Vor dem Kremper Tor, Tel. 04561-61 93 07

Cap Arcona Museum. Ostern – Oktober Di. – Sa. 10.30 – 17 Uhr, So. ab 14 – 17 Uhr, Juli und August auch montags 10.30 – 17 Uhr, November – Ostern Sa./So. 14 – 16 Uhr

Umwelthaus Neustädter Bucht. Di. – Do. 9 – 12 Uhr, 14 – 16 Uhr, Am Strande 9, Tel. 04561-505 65, www.bund-umwelthaus.de

Europäisches folklore festival. Alle drei Jahre findet Ende Juli/Anfang August das Festival statt (nächster Termin 2019) mit Tanz in den Straßen, einem Festumzug und Musik von den verschiedensten Folkloregruppen. Den Abschluss krönt ein Fackeltanz aller Teilnehmer.

SIERKSDORF

Tourist-Info. Vogelsang 1, 23730 Sierksdorf, Tel. 04503-77 94-170, www.luebecker-bucht-ostsee.de

Hansa-Park. 9 – 18 Uhr, 29,50 – 37,50 €, Geburtstagskinder bis 14 Jahre Eintritt frei
Am Fahrenkroog 1, Tel. 04563-4740, www.hansapark.de,

Wasserski- und Wakeboardpark Süsel. Ende April – Ende Mai Mo. – Fr. 16 – 18.30 Uhr, Sa./So. 12 – 18.30 Uhr, Juli bis Mitte August täglich 12 – 19.30 Uhr (für alle anderen Wochen gelten abweichende Liftzeiten, die Nachsaison endet Mitte Oktober), 2 Std. bis 15 Jahre 19 €/Erwachsene 25 €, Tageskarte 29 bzw. 37 €, www.wasserski-suesel.de

HAFFKRUG

InfoPoint. Bahnhofstr. 4, 23683 Haffkrug, Tel. 04563-47 36 06, www.luebecker-bucht-ostsee.de

SCHARBEUTZ

Touristen-Information, Strandallee 134, 23683 Scharbeutz, Tel. 04503-779 41 60, www.luebecker-bucht-ostsee.de

Erlebnisbad Ostsee-Therme. Täglich 9–23 Uhr, Eintritt 3 Std. 18 €, Tageskarte 22 €, mit Sauna jeweils plus 5 €, Strandallee 143, Tel. 04503-35260, www.ostseetherme.de

Waldhochseilgarten. Vor- und Nachsaison Do./Fr. 13–18 Uhr, Sa./So. ab 12–18 Uhr, Ende Juni–Anfang September täglich 11–18 Uhr,
Eintritt: 3 Std. 21 €, 16 € Kinder
Im Kammerwald, Tel. 04503-8981080, www.waldhochseilgarten-scharbeutz.de

Tauchsportzentrum. Hauptsaison Mo.–So. 10–18 Uhr, Strandallee 98 B, Tel. 04503-889999, www.tauchenostsee.de

Ostseeküsten-Radweg. Viele Informationen über einzelne Etappen, GPS-Daten und Unterkünften an der Strecke u.v.m. unter www.radkompass.de, Menü D-Routen

Museum Pönitz. Di. 15–18 Uhr, 15. Mai–15. September auch So. 14–16 Uhr
Lindenstraße 23, Tel. 04503-73273, www.museum-scharbeutz.de

Im Sommer gibt es kaum einen Strand, an dem nicht eine Surfschule zu finden ist. Neben dem Wind- und Kitesurfen ist das SUP (Stand-up-Paddling) inzwischen eines der beliebtesten Trendsportarten. Viele Segelkurse werden inzwischen speziell für Kinder und Jugendliche angeboten.

TIMMENDORFER STRAND

Touristik-Information, Timmendorfer Platz 10, 23669 Timmendorfer Strand, Tel. 04503-357 70, timmendorfer-strand.de

SEA LIFE. Täglich ab 10 Uhr, Eintritt: 16,95 €, Onlinepreis 12,70 € und Nachmittagspreis online 11,80 €.

Fütterungszeiten: täglich 11 Uhr Otter, täglich 12 Uhr tropischer Ozean, Haie (Mo./Mi./Sa.), 14 Uhr Meeresschildkröte (Mo./M.i/Fr./Sa.), Rochen (Di./Do./So.), 16 Uhr Piranhas (Mo./Mi./Fr.), Plattfisch, Dorsch & Co (Di./Do./Sa.), Kurpromenade 5, Tel. 0180-666 69 01 01, www.visitsealife.com

NIENDORF

Touristik-Information, Strandstraße 121a, 23669 Niendorf/Ostsee, Tel. 04503-35 77 60, timmendorfer-strand.de

Filiale am Hafen: Am Hafen, Tel. 04503-707 93 70

Hafentöpferei Niendorf. Beim Hafenspaziergang lohnt ein Besuch in der Töpferei von Ulrich Elberding und Johanna Ohrtmann mit seiner schönen Gebrauchskeramik in ansprechenden Blau- und Rottönen. Täglich 11–17 Uhr, außer Mi., Am Hafen 3

Vogelpark Niendorf. Täglich 9–19.30 Uhr, in der Nebensaison 10 Uhr bis zum Dunkelwerden, 9,50 € An der Aalbeek, Tel. 04503-47 40, www.vogelpark-niendorf.de

TRAVEMÜNDE

Touristik-Information, Strandbahnhof, Bertlingstr. 21, 23570 Travemünde, Tel. 0451-889 97 00, www.travemuende-tourismus.de

Ostseestation Priwall, Am Priwallhafen, www.ostseestation-priwall.de

Die PASSAT an der Priwallpromenade

TIPP

Seit einigen Jahren wird am ersten Sonntag im Mai der **Weltfischbrötchentag** mit besonderen Veranstaltungen an der Ostsee gefeiert.

PASSAT. Vor- und Nachsaison 11–16.30 Uhr, Hauptsaison (Mitte Mai–Ende September) 10–16.30 Uhr, Eintritt: 4 €, Priwallpromenade 3a, Tel. 0451-122 52 02, passathafen.luebeck.de

Vorderreihe. Während der Sommerregelung (ab Ende März) ist die Straße für den Individualverkehr gesperrt. Radfahrer, Taxis und der Lieferverkehr dürfen jedoch fahren, sie ist also keine echte Fußgängerzone.

LÜBECK

Tourist-Information, Holstentorplatz 1, 23552 Lübeck, Tel. 0451-889 97 00, www.luebeck-tourismus.de